만만이 교사의
쎈 척하는 법

일러두기

표제 및 본문에서 사용된 '쎈'과 '만만이'는 비표준어이지만, 교실의 현장감을 살리고
독자들에게 좀 더 와닿게 표현하기 위해 사용하였습니다. 이 외에도 뉘앙스를 살리기
위해 일부 맞춤법을 따르지 않은 표현이 있습니다.

교실을 휘어잡는 교사의 말기술

만만이 교사의 쎈 척하는 법

김참외 글·그림

아이스크림북스

카리스마로 교실의 대왕이 될 수 있다!

안녕하세요? 이종대왕 유튜브 운영자이자 집현전 연구회 회장인 이종혁입니다. 김참외 선생님께서는 집현전 연구회 창립 멤버로, 이종대왕 펭귄 캐릭터를 포함한 미술 콘텐츠를 제작해 주시며 저와 인연을 맺으셨습니다.

어느 날 김참외 선생님께서 교사 커뮤니티에 올릴 거라며 '만만이 교사의 쎈 척하는 법'이라는 글을 보여 주셨습니다. 평소에도 재미난 만화를 그려 SNS에 종종 올리셨던지라 저는 제목만 보고 또 재미있는 글을 하나 쓰셨구나 싶었습니다. 그런데 막상 열어 보니, 이건 재미보다는 아이들과의 관계에서 어려움을 겪으시는 선생님들께 꼭 필요한 내용을 잘 정리한 글이더군요. 글을 다 읽고 선생님께 "이 글, 무조건 인기 있을 거예요."라고 했던 기억이 나네요.

김참외 선생님의 글과 강의를 토대로 쓴 이 책은 지금까지 어떤 교사 연수에서도 배울 수 없었던 내용과 차마 다루지 못했던 교실 속 교사의 비언어적 카리스마 표현을 생생하고 이해하기 쉬운 형태로 담아 설명하고 있습니다. '카리스마'라는 추상적인 단어를 실감 나게 표현하면서 이것을 교사와 학생의 관계에 어떻게 구현해내야 하는 지에 대한 선생님의 날카로운 통찰력에 감탄 또 감탄할 뿐입니다.

학급 경영을 위한 친절하고도 단호한 규칙과 방법을 고찰하는 것은 중요합니다. 그러나 기본적으로 교사와 학생의 상하 관계가 탄탄하게 정립되어 있어야만 그 어떠한 학급 경영 이론도 교사가 주도적으로 적용할 수 있습니다. 아무리 좋은 이론이나 방법을 안다고 할지라도 교사가 주도권을 빼앗기고 학생들에게 끌려다니는 상황에서는 절대 성공할 수 없습니다.

소위 '만만이 선생님'들이 훌륭한 학급 경영법을 시도했다가 그것이 학급 붕괴로 이어지는 경우를 주변에서 많이 봐 왔기에, 김참외 선생님의 책이 교사가 학급의 주도권을 빼앗기지 않고 학급을 탄탄하게 운영하는 데 실질적인 도움을 주리라고 기대합니다. 특히 교직에 처음 발을 딛는 선생님들께서 아이들에게 친절하고 다정하게만 다가갔다가 아이들의 선을 넘는 무자비한 행동에 상처 받고 교직에 회의감을 느끼시지 않도록, 꼭 이 책을 먼저 읽어보시기를 추천드립니다.

전국의 만만이 선생님들이여! 이제 교실의 대왕이 되십시오!

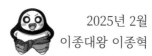

2025년 2월
이종대왕 이종혁

링 위에 오른 전국의 만만이 교사들에게

만만이 교사 체크리스트

☐ 아이가 다른 선생님께는 고분고분한데 나에게만 말대꾸를 한다.

☐ 아이가 내 앞에서 목소리를 높인다.

☐ 아이가 내 앞에서 짝다리를 짚거나 주머니에 손을 넣고 말한다.

☐ 아이가 훈육 중에 자꾸 피식피식 웃는다.

☐ 아이가 수업 중에 이유 없이 엎드려 있다.

☐ 아이가 종 치고 나서야 보드게임 정리를 시작한다.

☐ 수업이 시작됐는데 아이가 교과서를 펼 생각을 하지 않는다.

☐ 아이가 종이 쳐도 앉을 생각을 하지 않는다.

☐ 내가 피구를 한번 시켜 주니 아이가 다음 시간에도 피구하자고 조른다.

☐ 아이가 피구하는 중에 규칙을 어긴 것을 알려 주자 나에게 화를 낸다.

☐ 내가 여러 번 지시했는데 아이가 "잠시만요." 하며 이행을 미룬다.

☐ 아이가 수업 중에 계속 말을 끊는다.

☐ 나는 "왜요?", "…인데요?"라는 표현을 자주 듣는다.

☐ 내가 아이에게 자주 소리 지르게 된다.

☐ 수업이 아직 끝나지 않은 상태에서 종이 치면 아이에게 "종 쳤는데요."
라는 말을 듣는다.

☐ 교실에 붙여둔 나의 규칙이 힘을 발휘하지 못한다.

☐ 내가 말만 하면 "정말 재밌겠다."라는 비아냥을 듣는다.

☐ 나는 아이가 의자에 한쪽 발을 올려둔 자세를 자주 본다.

☐ 내가 집중 구호를 여러 번 해야 아이가 쳐다 본다.

☐ 나는 아이의 언행 때문에 분해서 잠을 못 잔다.

☐ 나는 아이가 괜히 또 말대꾸를 할까 봐 문제 행동을 못 본 척한다.

☐ 나는 6학년이 귀엽다는 말에 공감하지 못한다.

☐ 나는 "선생님이 착하다."는 말이 영 반갑지 않다.

위 체크리스트에 해당하는 부분이 있으신가요? 저는 하나도 빠짐없이 모두 해당하던 사람이었습니다. 저의 경험을 쓰고 그 앞에 네모 박스만 붙여 놓았으니까요.

기싸움도 싸움이라는 맥락에서, 교실은 격투기 링과 비슷합니다. 저는 초·중·고·대학교 시절 내내 '만만이', '쭈구리', '찌질이'로 지낼 정도로 싸움에 재능이 없음에도 아무런 준비 없이 교실이라는 링에 올라 갔습니다. 링 안에는 저와 달리 싸움에 재능 있는 아이가 많았습니다. 어디서 배워왔는지 모를 다채로운 반항 솜씨로 저에게 날리는 잽을 도저히 피할 수 없었습니다. 그러니 제가 속수무책으로 쓰러져 만만이 교사가 되는 것은 당연했습니다. 페어플레이를 모르는 아이는 쓰러진 저를 좀 봐주기는커녕 쉴 새 없이 펀치를 날렸습니다. 마지막 남은 힘으로 심판을 불러보지만 오늘은 심판이 연가를 쓴 것 같았습니다.

싸움이 끝난 뒤 홀로 붕대를 감던 제게도 희망은 있었습니다. 아무리 재능 있는 싸움꾼일지라도, 싸움을 전문적으로 훈련한 프로 격투기 선수 앞에서는 활약하기 어렵습니다. 싸움에 영 재능 없는 저도 싸움의 기술을 전문적으로 훈련받는다면 상황은 달라질 거라 판단했습니다. 기싸움도 싸움과 비슷합니다. 아이들을 이길 수 있는 재능이 없다면 훈련이 필요합니다.

가장 먼저 해야 할 훈련은 '용기 갖기'입니다. 지금까지 습관적으로 해 오던 지도 방법을 과감히 놓을 수 있는 용기가 필요합니다. 교실에서 내가 할 수 있는 일을 찾아내고, 실천으로 옮기는 결단은 아무나 할 수 없습니다. 그렇기에 거울 앞에 서서 용기를 낸 나에게 엄지를 치켜세우고 민망함에 헛웃음을 짓는 것으로 이 훈련을 시작합니다.

황당할 정도로 유치한 말이지만 훈련을 마치고 나면 교실 속 서열 1위가 될 겁니다. 1위가 되지 못하면 2위라도 될 겁니다. 지금까지 서열 상위 10%의 아이에게 당해(?) 왔다면, 이제 상위 1 %의 아이에게만 당할 겁니다. 마음의 근육을 키운 다음, 때로는 상하 관계를 위한 펀치를, 때로는 신뢰 관계를 위한 상처약을 발라 준다면 재능만으로 링 위에 올라온 아이의 현란한 반항 솜씨는 좀처럼 힘을 쓰기 어렵게 됩니다. 이러한 좌절과 위로가 반복되다 보면, 아이는 링에 오를 의지를 잃어버리고 어느새 관중석에서 선생님을 응원하는 팬이 되어 있을 것입니다.

이 책을 읽고 계시는 선생님께서 '만만이 교사 체크리스트'에 많은 표시를 하셨더라도 상관 없습니다. 많은 패배를 했다는 건 많은 싸움꾼을 경험했다는 말이니까요. 지쳐 쓰러질 것 같을 때 기어코 포기하지 않는다면, 어느 순간 아이의 다음 행동이 예측되는 때가 올 겁니다. 재능 있는 싸움꾼의 펀치가 느려 보이고 적이라고 생각했던 아이를 내 편으로 만드는 여유가 생길 겁니다.

책의 제목에 활용된 '만만이 교사'라는 문구에 대해 거부감을 느끼신 선생님이 계실 수 있습니다. 우리가 만만이 교사가 된 이유는 우리의 잘못이 아니니까요. 인권이라는 이름으로 교실을 어지럽히는 아이에게서 다른 아이들과 교사를 지켜 주지 못하는 작금의 제도 문제입니다. 우리는 기싸움을 하러 교사가 된 게 아니라 교육을 하려고 교사가 되었습니다. 안전한 교실을 만드는 주체는 교사의 역량이 아닌 법과 제도가 되어야 합니다. 그렇기에 우리의 목소리를 꾸준히 외치고 제도

개선을 위한 투쟁을 지속해야 합니다. 우리의 뜻을 앞장서서 관철할 단체나 노조에 가입하는 것도 한 방법입니다.

다만 투쟁을 지속하는 것과 별개로, 교실을 지키기 위해 교사가 당장 할 수 있는 일을 함께 찾아 보자는 의미에서 책을 썼다고 말씀드리고 싶습니다. 끝내 교실을 떠나는 선생님께도 '선생님은 최선을 다하셨다'고 위로해 드리고 싶고 존경을 담아 고개 숙여 인사를 드리고 싶습니다. 당장 쓰러져도 이상하지 않은 힘든 상황임에도, 내일도 교실 문을 열 선생님께 제 글을 나누고 싶습니다. 교실을 지키기 위해 마지막 라운드까지 링에 오를 우리들은 아직 흰 수건을 던지지 않았습니다.

2025년 새학기를 앞둔
대한 만만이 교사 회장 김참외

목차

PART 1 만만이 교사의 탄생
아무도 안 가르쳐 주는데 어떻게 알아요?

PART 2 교사와 학생의 상하 관계
강한 사람처럼 보이는 기술

PART 3 교사와 학생의 신뢰 관계
아이를 교사의 편으로 만드는 기술

PART 4
실전 대화
너, 내 동료가 돼라

만만이 교사의
탄생

• • • • • • • •

아무도 안 가르쳐 주는데 어떻게 알아요?

교실의 평화를 위해 필요한 건
결국 카리스마였다

    교사의 목표는 교실의 평화입니다. 교육은 아이가 스스로 안전하다고 느끼는 공간에서만 이루어질 수 있습니다. 안타깝게도 교사가 실제 마주하는 교실은 전쟁터입니다. 엎드려 있는 아이에게 "엎드려 있지 마세요."라고 상냥하게 말하면 아이는 도무지 일어날 생각조차 하지 않고, 수업 시간에 떠드는 아이에게 "떠들지 마세요."라고 말하면 아이는 들은 체도 하지 않고, "선생님을 보세요."라고 말하면 쳐다보지도 않습니다. 가장 무서운 사실은 각각의 경우가 동시다발적으로 일어난다는 겁니다.

    교사에게 반항하고 수업을 방해하는 몇몇 아이로 인해 교실의 평화는 위협받습니다. 교사는 문제 학생에게서 다른 아이들을 지키기 위해 훈육을 시도합니다. 아이의 이름을 부르고, 아이의 책상을 노크하여 눈치를 주고 지적합니다. 그럼에도 문제 행동이 개선되지 않으면

일어서라고 하고, 뒤로 나가라고 하고, 복도로 나오라고 하지요. 결국
에는 소리를 지르거나 상담하거나 벌을 주기도 합니다. 이런 방법을
써서 교실의 평화가 지켜진다면 많은 선생님께서 문제 행동을 하는 아
이로 인해 겪는 고충이 많이 줄었을 테지요.

💬 교실의 평화를 지키는 법 1. 교사가 교실 서열 1위가 되자

　교실의 평화를 지키기 위한 첫 번째 방법으로, 교사는 교실에서 압
도적인 서열 1위가 되어야 합니다.(상하 관계) 아이는 자신보다 약한
사람의 말을 듣지 않습니다. 수업을 방해하는 아이에게 하루에도 수십
번씩 지적해야 하는데, 교사가 힘이 없다면 교사의 지적은 문제 행동
을 멈출 수 없습니다. 아이에게 '이 선생님께는 까불면 안 되겠다.'라
는 인식을 심어줄 필요가 있습니다.
　교실은 보육이 이루어지는 가정이나 어린이집과는 다른 특수한 공
간입니다. 일대일 상황이 아닌 다대일 상황에서 수업이라는 과제를 해
내야 합니다. 일대일 상황이라면 아이가 문제 행동을 했을 때 수업을
멈추고 아이와 손을 마주 잡은 채 단호하게 규칙을 전달할 수도 있고,
아이 곁에 붙어서 행동을 면밀하게 관찰한 후 규칙을 준수하는 모습에
박수를 쳐 주고 긍정 행동을 강화하며 수업을 진행할 수 있습니다. 따

뜻한 공감의 언어도 해 줄 수 있겠지요. 하지만 교실은 다릅니다. 문제 행동을 하는 아이와 상호 작용하는 서른여 명의 다른 아이들이 있고 문제 행동 또한 동시다발적으로 발생합니다. 문제 행동이 발생할 때마다 각 아이 옆에 가서 영겁과도 같은 훈육 시간을 할애한다면, 정해진 교육과정을 전달하는 데에 한계가 있습니다. 그동안 다른 아이들은 영문도 모른 채 교사의 애달픈 사랑을 지켜보며 방치됩니다.

말 한 마디, 눈빛 한 번으로 아이의 문제 행동을 제지할 수 있는 카리스마가 있어야, 교사는 수업이라는 과업을 해낼 수 있습니다. 현재 사회 분위기에서 교사의 직위만으로는 권위가 생겨나지 않습니다. 아이가 교사의 말을 듣는 자세를 갖추도록 하려면 교사는 카리스마를 가져야 합니다. 그리고 카리스마를 갖추기 위해서는 우선 아이의 표면적인 말 속에 숨어 있는 욕구를 빠르게 파악할 수 있어야 합니다.

아이 : 선생님, 수학 진도 빠른데 피구해요.

이 말에 담긴 아이의 숨은 욕구는 '피구하고 싶다.'가 아니라 '선생님께 버릇없이 말하고 싶다.'입니다. 아이도 자신의 숨은 욕구를 알아차리지 못하는 경우가 많아 교사가 이를 파악하기는 쉬운 일이 아닙니다. 따라서 교사는 많은 경우의 수를 통해 아이의 심리를 파악한 뒤, 훈육 상황에서 강한 교사로서 할 수 있는 언어적 행동과 비언어적 행동을 하는 훈련을 해야 합니다.(센 척) 여기에는 교사가 자신의 감정을 잠시 통제하는 연습도 필요합니다. 솟구쳐 오르는 분노와 짜증을 있는 그대로 표출하기보다는 효과적으로 표현할 수 있는 방법을 고민해야 합니다. (이 훈련은 PART 2 '교사와 학생의 상하 관계'에서 다루겠습니다.)

💬 교실의 평화를 지키는 법 2. 아이들을 교사의 편으로 만들자

두 번째로, 교사는 아이들을 자신의 편으로 만들어야 합니다.(신뢰 관계) 아무리 교사가 교실에서 서열 1위라 할지라도, 아이들을 교사 편으로 만들지 못하면 그 힘은 서서히 약해집니다. 처음에는 교사가 무서워서 반항심을 감추었다가 교사가 자신의 편이 아니라는 생각이 들면 아이 마음속에 쌓여 있던 반항심이 폭발하게 되는 거지요. 아이들과 공감대를 형성하지 못한 카리스마는 반쪽짜리 카리스마로써 아이들과 갈등을 쌓고 교사에 대한 부정적인 여론을 퍼뜨립니다. 아이들의 지지를 받지 못하는 교사는 문제 행동을 지속적으로 제지할 수 없습니다. 공포 정치는 한계가 분명합니다. 아이들에게 교사는 나를 혼내는 사람이 아닌 도와 주는 사람, 믿고 따를 수 있는 어른이라는 인식을 심어 줄 필요가 있습니다. 서열 1위로 시작한 훈육은 아이들에게 위압감을 주는 것으로 끝나는 것이 아니라, 아이들을 내 편으로 만드는 것으로 수렴해야 합니다.

여기에는 아이와의 관계를 지킬 수 있는 말을 할 줄 아는 훈련도 필요합니다.(마음 어루만지기) 문제 행동을 한 아이를 지도하는 과정에서는 아이와 교사의 관계가 외줄 타듯 위험합니다. 아이가 교사의 지도 자체를 거부하는 최악의 상황을 피하기 위해서는 아이의 마음을 어루만질 수 있는 말을 할 줄 알아야 합니다. 마음을 어루만지는 말은 훈육 과정에서 굴욕감과 억울함을 느꼈을지도 모를 아이에게 약을 발라 주는 역할을 하고, 교사를 악역이 아닌 믿음직하고 강한 어른으로 보이게끔 합니다. (이 훈련은 PART 3 '교사와 학생의 신뢰 관계'에서 다루겠습니다.)

교사가 교실에서 서열 1위가 되는 일과 아이들이 교사의 편이 되는 일은 결코 따로 가지 않으며, 동시에 이루어져야 합니다. 교실의 평화를 지킬 수 있는 카리스마란 아이들을 단번에 통제할 수 있는 교사의 눈빛뿐만 아니라 교사에게 보내는 아이들의 눈빛 또한 읽어낼 수 있는 능력을 의미합니다. 이러한 능력은 훈련을 통해 충분히 갖출 수 있습니다.

짝을 찾는 연애 프로그램을 보면 출연자의 말 한 마디만으로 그 사람의 이미지가 형성되지는 않습니다. 멋진 직업을 밝힌다고 해서 출연자의 이미지가 갑자기 뒤바뀌는 것도 아닙니다. 사소하게 내비친 언행이 쌓여 시청자의 머릿속에 출연자의 이미지를 굳혀갑니다. 인간관계도 마찬가지입니다. 어떤 사람의 언행이나 그와의 대화를 통해 이 관계를 진심으로 대할지, 아니면 형식적인 관계조차 포기하고 멀리할지 서서히 결정하게 됩니다. 교실의 아이들과 1년간 맺는 관계도 마찬가지입니다. 교사의 말과 행동이 아이들 안에 점점 쌓여가며 교사 머리 위에 놓인 권위라는 왕관이 점점 선명해질 수도 있고 아예 자취를 감출 수도 있습니다. 교실 대부분의 아이에게 교사의 왕관, 교사의 권위가 뚜렷하게 보일 때 교실의 평화를 지킬 수 있는 강한 교사로서 우뚝 설 수 있습니다.

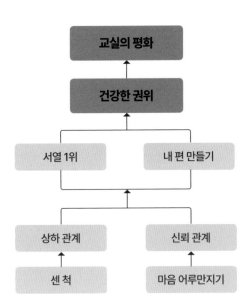

아이가 반항하는 이유도
가지가지다

선생님의 말씀을 잘 듣고 예의 바르게 행동하면 평화로운 교실에서 듬뿍 사랑받으며 지낼 수 있을 텐데, 아이들은 왜 반항하는 걸까요?

교사가 아이들의 행동을 이해하지 못하면 늘 예상을 빗나가는 행동을 하는 아이들이 원망스러워집니다. 교사도 사람인지라 아이들을 미워하게 되면 훈육하는 중에 짜증이 날 수도 있고 화를 낼 수도 있지요. 하지만 이것을 지향해서는 안 됩니다. 감정적인 훈육은 효과가 없을뿐더러 교사와 아이의 관계를 훼손시켜 더 큰 반항을 불러옵니다. 아이들의 반항에 어떤 욕구가 숨어 있는지 잘 파악하면, 아이들과 의미 없는 말싸움을 하며 에너지를 소진하는 대신 좀 더 효과적으로 대응할 수 있습니다. 아이들에 대한 충분한 이해는 교사가 훈육할 때 개인적인 감정을 자제할 수 있도록 도와줍니다.

반항의 이유 1. 아이들에게는 지배 욕구가 있다

아이들은 교실에서 자신의 서열이 높아질수록, 함부로 대할 수 있는 사람이 많아질수록 자유로움을 느낍니다. 통제할 수 있는 범위가 넓어질수록 심리적인 안정감을 얻으며 아이들은 교실을 제집 드나들 듯 편하게 누비고 싶어 하지요. 무리의 우두머리가 되어 자신의 말 한마디에 교실이 울고 웃을 정도의 영향력을 얻고 싶어 합니다. 이런 면모는 저학년보다는 고학년, 여학생보다는 남학생에게서 나타나고, 다음과 같은 형태로 표현됩니다.

① 내가 친구보다 서열상 우위에 있는지 확인하기

예를 들어, 민준이는 친구인 서준이에게 은근슬쩍 수위 높은 욕설을 하거나 명령조로 말할 때가 있습니다. 겉으로는 장난처럼 보일 수 있지만, 이러한 행동은 민준이가 서준이에 대한 서열상의 우위가 안전한지 확인하려는 시도일 가능성이 큽니다.

민준 : 야, 김서준. 너 X발, 좀 닥X 봐. ㅋㅋ

민준 : 김서준, 너 휴대 전화 잠깐만 줘 봐. 한 판만 하고 줄게.

이때 서준이가 민준이의 욕에 반응하지 않거나 민준이의 명령을 따르면, 민준이는 자신의 서열을 더욱 확신하게 됩니다. 반면 자기보다 약하다고 생각했던 서준이가 은근슬쩍 욕을 하거나, 명령을 빨리 이행하지 않으면 화가 나게 됩니다. 자신의 영향력과 통제력을 무시당해 자존심이 상하는 것이지요.

② 비슷한 서열의 친구와 싸워 나의 서열 올리기

민준이는 손상된 자존심을 복구하기 위해 거친 방법으로 서열을 재정립하고자 합니다. 이때 민준이는 서준이를 찍어 누르고 싶어 하기 때문에 서준이가 상처받거나 자신을 떠나갈 것은 염두에 두지 않습니다.

> **민준 :** 야, 뭐라 했냐? X발? 내 앞에서 욕하면 X맞는다.
>
> **민준 :** 야, 가져오라고. X질래?

이때 서준이가 민준이를 자신보다 강하다고 느끼지 않거나, 민준이의 요구가 부당하다고 느끼면 서준이는 자신의 훼손된 자존심을 복구하려고 합니다.

> **서준 :** 김민준, 네가 먼저 욕했잖아. X맞긴 뭘 X맞어.
>
> **서준 :** 아니 내 거잖아. 내가 왜 X져야 되는데.

이제 민준이는 서준이의 반응에 자존심이 더 손상되었으니 더 폭력적인 방법으로 서열을 확인하려고 합니다. 이와 비슷한 상황이 떠오르지 않나요? 민준이를 교사에 대입하고, 서준이를 민준이에게 대입하면 교실에서 종종 볼 수 있는 상황이 연출됩니다.

교사 : 김민준, 누가 수업 시간에 휴대 전화 꺼내래. 휴대 전화 가져 와.

민준 : ……. (못 들은 척 주머니에 넣는다.)

교사 : 휴대 전화 가져오라고! 안 들려?!

민준 : 제 건데요? 그리고 잘 들려요.

여기서 민준이는 교사가 자신보다 서열상 우위에 있지 않다고 느낄 가능성이 큽니다. 아이들은 교사가 자신보다 강하다고 느끼지 않거나 교사의 요구가 부당하다고 느끼면, 지시에 저항하고 자존심을 지키려고 합니다. 이미 아이들에게 만만한 존재로 인식된 교사가 아이들을 억지로 찍어 누르려는 시도를 해도 잘 통하지 않는 이유입니다. 비슷한 서열의 친구와 싸워 나의 서열 올리기는 비슷한 서열의 교사와 싸워 서열 올리기로 이어지기도 합니다.

③ 나의 높은 서열을 자랑하기

친구 사이에서 서열상 우위를 점한 아이는 다양한 방법으로 이를 과시합니다. 현장 체험 학습 때 버스 맨 뒷자리를 선점하거나, 중학교 선배와의 친분을 SNS에 올리거나, 무리 지어 큰 소리로 떠들기도 합니다. 어떤 아이들은 친구들 앞에서 교사에게 도전하거나 규칙을 어기기도 합니다. '나는 선생님 앞에서 이런 식으로 행동할 수 있어. 서열이 낮은 너희는 꿈도 꾸지 못하는 일이지. 잘 봐.'라는 의도로 수업 시간에 다리를 꼬거나 턱을 괴며 교사의 반응을 기다립니다. 흔히 간을 본다고 표현하지요. 이때 아이는 교사의 태도, 말투, 표정, 행동 등으로 교사가 자신보다 강한 사람인지 약한 사람인지 파악합니다.

> 교사 : 김민준, 똑바로 앉으라고 세 번째 말한다.
>
> 민준 : 네네. (똑바로 앉지 않는다.)
>
> 교사 : …….
>
> 민준 : '내가 버릇없게 말했는데 별 반응이 없네? 좋아, 친구들이 보기에 나 엄청 세 보였겠지? 다음에는 더 버릇없이 해봐야겠어.'

교사가 자신보다 강한 사람이라는 느낌이 들지 않으면 '이 선생님은 내가 어디까지 해도 괜찮을까?'라는 호기심과 함께 자신이 가진 힘을 확인하고 과시하는 작은 도전을 이어 나갑니다. 또래 친구들에게 높은 서열을 자랑하려고 시작했던 도전이었는데 이게 웬걸, 선생님께 꽤 먹히는 거지요.

이런 상황은 비슷한 서열의 교사와 싸워 서열 올리기로 이어지게 됩니다. 수업 시간이나 훈육 상황에서 삐딱한 자세를 하거나 교사에게 "왜요?", "…인데요?" 등 퉁명스러운 말투를 뱉습니다. 작은 도전이 성공하면 지시 불응 등 점점 더 큰 도전을 합니다. 이때 교사가 자신감 없는 모습을 보이거나 말싸움에 응해 주거나 쉽게 흥분하는 모습을 보인다면 아이의 도전은 성공입니다. 이러한 성공이 쌓이면 아이는 자신이 교사보다 우위에 있다고 느끼게 되고, 결국 교사의 지시나 훈육에 더욱 저항하는 태도를 보이며 자신의 존재감을 키워나가는 행동을 지속하게 됩니다.

④ 나보다 서열이 아래인 친구 함부로 대하기

어떤 아이들은 자신보다 약한 친구들을 함부로 대하는 등 직접적인 피해를 줍니다. 마음에 들지 않는 친구에게 막말하거나 친구를 무리에서 내쫓고 자신의 영향력에 우월감을 느끼기도 합니다. 아이들은 공감 능력이 충분히 발달하지 못했기 때문에 친구의 마음을 다치게 한 것에 죄책감을 느끼지 못할 때가 많습니다. 친구들 사이에서 "오늘은 보드게임 하고 놀자."는 적극적인 성격으로 보지만, "야, 이거 재미없어. 다른 거 하자. 너 하기 싫으면 빠져."는 지배 욕구로 봐야 합니다. 이런 아이는 피구를 할 때 자신의 말이 곧 규칙인 것처럼 우기기도 하고, 친구의 사소한 행동에 버럭 화를 내기도 합니다.

앞서 말씀드렸듯, 교사가 교실의 서열 1위가 되어야 하는 이유는 교실의 평화입니다. 아이들이 집단 서열의 위에 서고자 하는 이유는 교실의 평화가 아닌 내 마음대로 하기인 경우가 많습니다. 만약 교사가 서열 싸움에서 밀리게 되면 교육 현장이 더는 안전하지 못하게 되고, 때에 따라서는 아이들의 '내 마음대로 하기'에 희생되기도 합니다.

교사는 자신에게 도전하는 아이의 행동을 대수롭지 않게 여기고, 여유롭게 대처하는 것이 좋습니다. '음, 지배 욕구가 야무진 아이네. 내가 한번 잡아 줄 필요가 있겠어.'라는 생각으로 침착하게 대응하면 됩니다. 차분하고 냉정한 태도로 아이가 교사 위에 설 수 없다는 인식을 서서히 심어 줄 필요가 있습니다. 아이와 논리적으로 말싸움을 하거나, 아이의 말대꾸를 하나하나 격퇴하라는 말이 아닙니다. 직관이 발달한 아이가 본능적으로 느끼는 상하 관계를 정립해 주는 것이 핵심입니다. 아이는 교사의 단호하고 여유로운 모습을 보면서 스스로 자신의 위치와 지켜야 할 선을 깨닫습니다. 그리고 교사에게 도전하는 것이 자신의 서열 지키기에 전혀 도움이 되지 않는다는 것을 느낍니다.

교사 : 바로 앉으세요.

아이 : (비꼬는 말투로) 네, 네.

교사 : 네, 네?

아이 : …….

교사 : 방금 말투 뭐지?

아이 : …….

교사 : 대답하세요. 예의를 지키지 않은 이유가 뭐죠?

아이 : …….

교사 : 실수한 거지?

아이 : 네…….

교사 : 선생님 생각에도 네가 그럴 애가 아닌데, 실수한 것 같아. 앞으로 그러지 않을 거지?

아이 : 네…….

지배 욕구를 반항이나 폭력적인 형태로 표현하는 아이들은 대부분 자존감에 문제가 있는 경우가 많습니다. 자존감이 낮을수록 내적 확신이 부족해서 자신의 가치를 스스로 인정하기보다는 타인의 인정을 갈구하게 됩니다. 이런 아이들은 자존심이 강하므로, 훈육할 때는 비아냥거리거나 창피를 주는 방식으로 아이의 자존심을 해쳐서는 안 됩니다.

교사 : 수업 시작했는데도 천천히 들어오는 것 좀 봐라. 아예 수업 끝나고 들어오던가 하지?

이런 아이는 자존심이 짓밟히는 순간 그것을 회복하려는 욕구를 느끼면서 교사에게 더 강하게 반항합니다.

교사 : 너 어디 갔었어? 너, 수업 빠진 거 무단 결과야!

아이 : 선생님이 수업 끝나고 들어오라고 해서 끝나고 들어온 건데요?

이런 상황이 아이와 교사의 힘겨루기로 끝나지 않으려면, 아이가 교사의 편으로 녹아들 수 있게끔 유도하는 것이 중요합니다.

교사 : 이리 와. 무슨 일 있었어?

아이 : 축구하느라 시계를 못 봐서······.

교사 : 축구에 집중하느라 정신없었어?

아이 : 네······.

교사 : 손목시계가 있으면 늦지 않을 수 있겠어?

아이 : 네······.

교사 : 그럼 너는 손목시계를 꼭 차고 다녀야겠다. 네 생각은 어때?

아이 : 그래야겠어요.

교사 : 그래. 나는 너를 혼내고 싶은 생각 없어. 수업 시간을 꼭 지켜야 한다고 알려주는 것뿐이야. 내일까지 손목시계 준비할 수 있겠어?

아이 : 네······.

교사 : 좋아. 문제를 해결하려는 모습 멋있어. 앞으로의 모습 기대할게.

아이들이 교사를 시험하는 것은 그들의 생존 전략입니다. '감히 건방지게 선생님께 기어오르려고 해?'라는 생각으로 분노를 느낄 필요는 없습니다. 지극히 자연스럽고 평범한 욕구이기 때문입니다. 아이들의 도전을 성숙한 시선으로 바라보고 교사와 아이의 건강한 거리감을 알려주면 됩니다.

💬 반항의 이유 2. 아이들에게는 인정 욕구가 있다

아이 어른 할 것 없이 사람은 누구나 인정받고 싶은 마음이 있습니다. 특히 사춘기에 접어든 아이들은 다른 사람의 눈에 어떻게 보일지 끊임없이 신경 씁니다. 잘 나가 보이고 싶고, 사교성 있어 보이고 싶고, 세 보이고 싶고, 나빠 보이고 싶고, 대담해 보이고 싶어 합니다. 아직 자존감이 단단하게 자리 잡지 못한 경우가 많기에, 자기 마음보다는 타인의 시선이 기준이 됩니다. 교실에서의 인정 욕구는 교사에 대한 인정 욕구와 친구에 대한 인정 욕구로 나타납니다.

① 교사에 대한 인정 욕구
선생님에 대한 버릇없는 언행은 또래 친구들에게 존재감을 인정받기 위함이기도 하지만, 교사에게 대등한 존재로서 인정받기 위해 나타나기도 합니다. 아이의 생각은 이런 겁니다.

> 아이 : '다른 친구들과 달리 저는 어른스럽죠?'
>
> 아이 : '다른 친구들과 달리 저는 말이 잘 통하죠?'
>
> 아이 : '성인과도 친하게 지낼 수 있는 친화력 있는 아이라고 인정해 주세요.'

이런 경향을 보이는 아이가 교사와 친근하게 지내는 모습을 본 다른 친구들이 이 아이를 따라 한다면, 수업 진행이 어려워질 수 있습니다. 라포 형성을 목적으로 아이와 친근하게 지낼 수도 있지만, 라포는 아이와 친하게 지냄으로써 형성되기보다는 아이에게 신뢰감을 줌으로써 형성됩니다.

교사와 아이의 상하 관계가 제대로 정립되지 않으면 '지시 효과 약화', '훈육 태도 불량', '훈육 효과 저하', '신뢰도 저하', '상담 태도 불량으로 인한 기대 효과 저하' 등의 부작용이 일어나기 쉽습니다. 따라서 이와 같은 인정 욕구는 사전에 차단하는 것이 좋습니다.

② 친구에 대한 인정 욕구

• 지배 욕구

앞에서도 이미 언급했듯이, 어떤 아이들은 자신의 높은 서열을 뽐냄으로써 친구들에게 멋있어 보이고 싶어 합니다. "쟨 정말 또라이야."라는 캐릭터를 인정받기 위해 반항하기도 합니다. 또래 친구가 감히 하지 못하는 행동을 하며 자신의 특별한 존재감을 인정받고 싶어하고, 선생님과 동등한 존재임을 과시하기 위해 교사에게 버릇없는 언행을 하기도 합니다. 이러한 우월감이 굳어지면 교사에게 말대꾸와 반항을 하고, 다른 친구들을 지배하고 통제하려고 합니다.

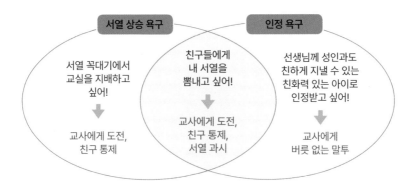

· 수업 방해

수업 중 교사의 말을 끊거나 큰 소리로 수업과 관련 없는 농담을 하는 경우가 있습니다. 규칙을 지키는 것보다 인정 욕구를 채우는 것을 우선시 함으로써 자신의 존재감을 드러내고자 하는 행동입니다. 이러한 아이의 행동에 다른 친구들이 웃어주거나 교사가 단호한 모습을 보여 주지 않는다면 인정 욕구가 채워져 문제 행동은 강화됩니다. 따라서 상하 관계를 기반으로 누구도 수업을 방해하는 행동을 인정해 주지 않는 분위기를 형성할 필요가 있습니다.

교사 : 그러면 답은 18이 되겠죠?

민준 : 선생님! 수업 중에 욕을 하시면 어떡합니까!

아이들 : (웃는다.)

교사 : (싸늘한 무표정으로 수업 중단) ……. (전체 정숙) 지금 뭐하는 거야?

민준 : 선생님이 욕한 줄 알고…….

교사 : 장난치자는 게 아닌데. 다시 물어 볼게, 뭐한 거죠, 지금?

민준 : …….

교사 : 웃은 사람 다 일어나. (침묵) ……. 민준아, 대답해야 돼. 수업 중에 그런 행동을 한 이유가 있을 거야. 뭐지?

민준 : …….

교사 : 친구들을 웃겨 주고 싶었어?

민준 : 아니요…….

교사 : 그럼 선생님이 욕해서 지적하고 싶었어?

민준 : 네…….

교사 : 선생님이 정말 욕하려는 의도였다고 생각해?

민준 : 아니요…….

교사 : 그런데 왜 그랬을까.

민준 : …….

교사 : 예의 있는 행동이었다고 생각해?

민준 : 아니요…….

교사 : 너의 행동으로 인해 수업이 어떻게 됐지?

민준 : 방해됐어요.

교사 : 잘 아네. 다신 그런 행동을 하지 마세요. 그리고 다른 친구들도 반성하세요. 수업을 방해하는 행동에 웃는 것도 예의 없는 행동입니다. 이해했으면 앉으세요. 그리고 민준아.

민준 : 네……

교사 : 친구들을 웃길 수 있다는 건 대단한 능력이야. 그런데 수업 시간에는 스스로 자제하는 게 더 멋있는 거야. 너의 소중한 능력은 쉬는 시간에 쓰도록 해.

아이의 인정 욕구로 비롯된 문제 행동을 겪은 교사는 화를 내기 쉽습니다. 쓸데없이 수업을 방해하는 아이가 원망스럽기도 합니다.

교사 : 야, 관심 받고 싶어? 하나도 재미없어.

사실, 교사가 위와 같이 대응하면 문제를 해결하기 어렵습니다. 아이들은 웃었고, 문제 학생은 인정 욕구를 채워 의기양양합니다. 그때 교사가 괜히 비아냥거린다면 아이는 규칙의 엄격함을 느끼기보다는 분하다는 느낌을 받습니다. 문제 행동을 줄이고 싶다면 아이를 내 편으로 만드는 것에 초점을 두는 것이 좋습니다.

수업을 방해한 아이에 대해서는 '수업을 방해하는 나'보다 '수업 시간에 규칙을 잘 지키는 나'에 대해 인정할 수 있게끔, 즉 자존감 형성으로 훈육의 방향을 설정하는 것이 좋습니다. 수업의 규칙을 잘 지켰을 경우 아이의 노력하는 마음을 전략적으로 칭찬해 주어 긍정 행동을 강화하는 방향으로 지도할 수 있습니다.

> 교사 : 오늘 수업 규칙을 잘 지키려고 노력하는 모습 봤어. 너는 친구들을 웃길 수 있는 엄청난 유머 감각이 있지만, 수업 시간에 그걸 자제할 수 있는 능력도 있어. 선생님도 친구들도 너의 그런 모습을 멋있게 생각해. 너 스스로 자랑스러워하기를 바라. 너도 모르게 또 예전과 같은 행동이 나올 수 있는데, 그럴 때마다 선생님이 알려 줄게. 같이 노력해 보자.

 반항의 이유 3. 교사에게 쌓인 불만을 한번에 표현한다

◦ 교사가 무리한 요구를 들어주지 않을 때

아이 : 옆 반은 피구하는데 왜 우리는 안 해요?

아이 : 옆 반은 과자 파티하는데 왜 우리는 안 해요?

◦ 아이가 억울함을 느낄 때

아이 : 쟤도 그랬는데 왜 저만 혼내요?

아이 : 아니, 쟤가 먼저 한숨 쉬었다니까요?

∘ 교사의 지적과 훈육이 반복될 때

아이 : 아, 왜 맨날 저한테만 그래요?

아이 : (교사가 훈육 중에) 네, 네, 이제 가도 되죠?

∘ 아이의 노력을 교사가 알아주지 않을 때

아이 : 맨날 늦는 거 아닌데요?

아이 : 저번 시간에는 조용히 있으려고 노력했는데⋯⋯.

∘ 교사의 지시가 부당하다고 느낄 때

아이 : '이걸 어떻게 20분 만에 다 해?'

아이 : '쉬는 시간인데 왜 수업을 계속하는 거야?'

∘ 아이의 자기 합리화

아이 : '이렇게 많은 숙제를 어떻게 다 해. 안 하는 게 당연한 거지.'

아이 : '선생님은 말을 왜 이렇게 불친절하게 하는 거야? 그러니까 내가 말을 안

듣지.'

불만은 아이들 마음에 쌓입니다. 숙제가 많아서, 지적이 반복되어

서 쌓인 불만이 옆 반의 피구 소식에 한꺼번에 터지기도 합니다. 교사는 아이가 별것도 아닌 걸로 왜 이렇게 성을 내나 이해하기 어려울 수 있습니다. 아이 스스로도 왜 이렇게까지 화가 나는지 모르는 경우가 많지요. 지금까지 어떤 부분에서 불만이 쌓여 교사에게 반감을 품게 되었는지에 대한 대화가 필요합니다. 아이의 불만을 납득하기 어렵더라도 한번 들어 주는 것만으로 관계 개선의 여지가 있습니다. 아이의 눈치를 보면서까지 교사를 해야 하나 싶을 수 있지만, 눈치는 타인의 감정을 빠르게 인지하고 필요한 반응을 할 수 있게 하는 탁월한 사회적 기술이기에 아이와의 관계에서도 유용합니다. 관계 개선을 위해 베푸는 친절은 강한 사람만 할 수 있는 여유 있는 행동이지요.

> 교사 : 네가 지금 이것 때문에 이렇게 화내는 것 같지는 않아. 선생님에 대한 불만이 많이 쌓인 것 같거든? 나는 항상 네 편이고, 우리는 한 팀이야. 한 팀으로 가기 위해서 쌓인 것을 풀고 가자. 속 시원하게 말해 봐.

반항의 이유 4. 아이가 부정적 피드백을 많이 받아왔다

문제 행동을 자주 하는 아이들은 어릴 적부터 어른들에게 부정적인 피드백을 많이 받아왔을 가능성이 큽니다. "하지 마.", "조용히 해.", "예의 있게 말해.", "욕하지 마.", "폭력은 안 돼." 등의 피드백을 이미 수도 없이 들어 봤을 겁니다. 그래서 아이는 이러한 사회적 규칙을 무게감 있게 인식하지 않으며 오히려 혼내는 어른에 대한 자신만의 노하우를 터득하고 있습니다.

> 아이 : '어른들은 귀찮아. 맨날 똑같은 말만 해.'
>
> 아이 : '엄마가 화났을 때랑 똑같은 표정을 짓네. 이럴 때 내가 엄마를 약 올리면 더 화를 내던데. 선생님을 한번 테스트해 볼까?'
>
> 아이 : '내 인생은 이미 망했어. 지금까지 항상 어른들이 그런 식으로 말해 왔거든. 커서 사회생활 못 할 거라고.'

이런 아이일수록 신뢰를 쌓는 일에 더욱 신경 써야 합니다. '선생님은 말이 통하는 사람이구나.'라는 인식을 꾸준히 심어 주어야 합니다. 다음과 같은 말들이 아이와 신뢰를 쌓는 데 도움이 됩니다.

> 교사 : 서윤이랑 무슨 일 있었어?
>
> 교사 : 네가 아무 이유도 없이 그러지는 않았을 것 같아.
>
> 교사 : 화날만 했네. 그러면 네가 잘못한 부분도 있어?
>
> 교사 : 인정하는 태도 매우 좋아. 멋있어.
>
> 교사 : 서윤이가 사과하면 너도 사과할 필요가 있겠다. 화해하고 나서 앞으로

서윤이랑 다시 잘 지낼지 말지는 너의 선택이지만, 잘못한 것에 대해서는 사과해야 하거든.

 ## 반항의 이유 5. 반항함으로써 쾌감을 얻는다

선생님께 예의 바르게 행동해야 한다는 보편적인 규칙을 깨고 권위자에 대한 도전이 성공했을 때, 아이들은 스트레스, 분노, 불안 등 부정적인 감정을 해소하며 즉각적인 해방감을 느끼게 됩니다. 어른한테도 대들 수 있는 멋진 내가 되는 경험은 꽤 중독적이라 아이들은 호시탐탐 반항의 기회를 노립니다. 반항으로 친구들의 관심을 끌고, 그 관심이 자신에게 쏠리는 상황에서 인정 욕구까지 충족하면 짜릿한 쾌감을 얻습니다. 화를 내는 어른에 대한 반항은 그 쾌감이 한층 더 짜릿합니다.

이런 태도를 보이는 아이일수록 교사가 여유로운 태도로 압도적인 서열 1위의 모습을 보여 주어 반항의 의지를 꺾을 필요가 있습니다. 만약 상하 관계가 아직 잡히지 않았다면 아이와의 대립 자체를 피하고 아이와 싸울 의지가 전혀 없음을 표현해야 합니다. 자신의 편이라고 다가오는 권위자에게는 반항의 의지가 약해지기 때문입니다.

반항의 이유 6. 열등함에 대한 방어 기제로 반항한다

방어 기제는 아이들이 스트레스와 불안을 처리하고 자아를 보호하기 위해 꺼내는 방패입니다. 자신이 잘할 수 없는 과제에 대하여 스스로의 능력을 탓하는 건 자존심이 상하므로 과제를 거부하기도 합니다. 수학에 자신이 없으면 수업에 집중하지 않고 문제를 거들떠도 보지 않습니다. 미술에 자신이 없으면 미술 작품을 대충 그려내거나 새까맣게 칠해 버리기도 합니다. 교사 입장에서는 아이가 반항하는 것으로 느껴 다그치게 됩니다.

교사 : 누가 잘하래? 적어도 열심히 하려는 의지를 보여야 할 거 아니야?

이런 아이들은 자신의 무능력을 들킬까, 인정받지 못할까 늘 불안합니다. 그러다 보니 해당 과목의 기초 학력도 부족합니다. 시간이 지나면서 "저는 원래 수포자(수학 포기자)예요.", "저는 그림에 재능이 없어요."라고 하면서 노력하지 않아도 되는 이유를 만들어 내지요. 교사에 대한 반항심보다는 좌절에 대한 두려움이 원인이지만, 자신을 다그치는 교사에게 점점 반항적인 모습을 보이기도 합니다.

이런 아이들은 격려가 필요합니다. 교사가 각고의 노력을 해도 이미 뒤처진 아이들의 학업 능력을 끌어올리는 데에는 한계가 있습니다.

수학을 못해도, 그림에 성의가 없어도 아이들은 어떻게든 자랍니다. 교사는 준비한 수업을 전달했으면 역할을 충분히 다한 것입니다. 여기에 욕심을 내자면, 아이의 결과물을 인정해 주고, 인내나 절제력, 적극성을 끌어낼 수 있는 작은 과제를 부여하는 정도가 좋습니다.

중요한 건 문제 해결보다는 아이들과의 신뢰 관계를 지키는 것입니다. 아이들에게 '생활 지도를 할 때는 단호했던 교사가 내가 두려워하는 부분에서는 꽤 친절하구나.'라는 인식을 주어야 합니다.

교사 : 혹시나 못하면 어떻게 하나 두렵지? 그런데 저번에 분모가 같을 땐 잘했잖아. 통분은 좀 어려울 수 있으니 최소공배수 구하는 문제부터 풀어 보자. 힘들겠지만 견디는 연습이 필요해. 선생님이 도와 줄게.

교사 : 여기를 새까맣게 다 칠했네? 음, 좋아. 그런데 듬성듬성 깔끔하게 칠하지 않은 부분이 보여. 비어 있는 부분을 깔끔하게 한번 색칠해 봐.

교사 : 실패해도 돼. 잘 못해도 돼. 학교는 실패와 좌절을 경험하는 곳이야. 실패가 많이 쌓여야 비로소 성공할 수 있거든. 나는 너의 실패와 좌절을 언제나 응원해 줄 거야. 같이 노력해 보자고.

반항의 이유 7. 자신의 권리에 대해 민감하게 반응한다

아이들은 권리에 대해 상당히 민감합니다. '내 것', '내 차례'와 같은 표현을 자주 사용하며, 자신의 권리가 침해되었다고 느낄 때 민감하게 반응하지요. 쉬는 시간, 점심시간, 자신의 물건 등에 대한 소유의식이 뚜렷하며 이를 지키려는 경향이 강합니다. 따라서 교사가 쉬는 시간을 제대로 보장해 주지 않거나 물건을 압수할 때 부당함을 느끼기도 합니다.

이런 아이들에게 교사가 '놀이'를 하자고 하면 아이들은 놀이를 의무보다는 권리로 받아들입니다. '놀이'라는 말은 '즐거움'이라는 뜻을 내재하고 있으므로, 놀이 시간은 자신이 즐거움을 느낄 권리를 주장할 수 있는 시간으로 여기는 거죠.

아시겠지만, 놀이 시간이 항상 즐거울 수는 없습니다. 친구가 규칙을 지키지 않아 화가 날 수도 있고, 아이가 오늘따라 기분이 안 좋을 수도 있고, 교사가 준비한 놀이가 취향에 맞지 않을 수도 있습니다. 그러면 아이는 이렇게 반응합니다.

아이 : 선생님, 재미없어요. 다른 거 해요.

아이 : 선생님, 저 안 할래요.

특히, 교사가 공이나 고깔을 들고 올 때 아이들은 묻습니다.

아이 : 선생님, 이번 시간에 재미있는 거 해요?

이때 교사가 재미있는 활동을 한다고 대답하면 아이들은 '나는 이번 시간에 반드시 즐거워야만 해!'라는 권리를 더욱 지키려고 합니다. 따라서 놀이 시간이 교과 수업과 같은 의무를 따라야 하는 시간인 점을 명확히 할 필요가 있습니다. 어떤 활동을 하느냐보다 활동을 대하는 교사의 태도가 중요한 시점이지요. 교사가 놀이를 단순히 아이들과 놀아 주는 수단 정도로만 여긴다면 아이들도 놀이를 진지하게 받아들이기 어렵습니다. 교사가 놀이를 인성 교육으로써 대하고 교과 수업과 같은 무게를 둔다면 아이들은 더욱 책임감 있게 놀이에 임합니다. '놀이'라는 말을 사용하지 않는 것도 좋은 방법이지요.

아이들 : 선생님, 창체 시간에 놀이해요?

교사 : 아니, 인성 교육 할 거야.

아이들 : 우아, 인성 교육 재미있는 거잖아요! 이번에도 재미있는 거예요?

교사 : 인성 덕목을 배우는 시간인데, 너희가 느끼기에 따라 재미있을 수도 있고 재미없을 수도 있지.

교사 : 자, 이번 시간은 인성 교육 시간입니다.

아이들 : 만세!

교사 : 이번 시간에 배울 인성은 배려입니다. 원 안에 있는 친구에게 공을 던져서 맞추면 되는데, 강하게 던지면 친구가 다칠 수도 있습니다. 그래서 친구를 배려하는 마음으로 살살 던지는 훈련을 할 것입니다. 또 너무 과격하게 움직이면 친구와 부딪혀 다칠 수 있습니다. 친구를 배려하며 주위를 잘 살펴야 합니다. 친구를 맞히는 게 중요한 것이 아니라, 공을 살살 던지는 것과 조심히 움직이는 것이 목표입니다. 이 두 가지 규칙을 얼마나 잘 지키는지 보겠습니다. 여러분이 중간에 하기 싫을 수도 있지만 우리는 그저 재미있는 놀이를 하는 게 아니라 인성 교육을 하는 것이기 때문에 견뎌야 합니다. 이해한 사람, 손!

아이들의 권리 의식을 활용하는 방법도 있습니다. 아이에게 심부름시킬 때 "민준아, 6학년 3반에 이것 좀 드리고 와."라고 하며 특정 아이를 지목하면 아이는 이것을 의무로 받아들여 못마땅해하는 경우가 있습니다. 지금 놀아야 하는 자신의 권리를 침해당했다고 생각하기도 하지요. 하지만 교사가 "심부름 다녀올 수 있는 사람?"이라고 하면, 이는 의무가 아닌 권리가 됩니다. 심지어 반에서 딱 한 명에게만 주어지는 권리이기 때문에 이를 더욱 쟁취하고 싶어 합니다. 조금 더 비틀어서, "6학년 3반 어딘지 아는 사람?"이라고 말하며 인정 욕구까지 건드리면 아이들은 더욱 열광하게 됩니다.

교사 : 쉽지 않은 문제인데, 나와서 풀어 볼 수 있는 사람?

→ 문제를 풀어 아는 체 할 수 있는 권리 + 인정 욕구

교사 : 팔 다친 친구를 대신해서 급식 받아 줄 수 있는 사람? 이건 진짜 착한 행동이니까 점수를 줘야겠어.

→ 착함을 뽐내고 점수를 얻을 수 있는 권리 + 인정 욕구

선생님이 만만이 교사가
되는 이유

강한 교사가 되기 위해 가장 중요한 훈련이라고 말씀드렸던, 과거의 경험을 빗금 쳐볼 차례입니다. 지금부터 제가 만만이 교사 시절에 했던 말과 행동을 용기 내어 소개해 드리고자 합니다. 아이들과의 관계에 실패하고, 속된 말로 아이들에게 잡아 먹힐(?) 수밖에 없었던 저의 경험을 마음껏 곱씹어 주시기 바랍니다. 교실의 평화를 지키지 못했던 저의 마인드와 강한 교사의 마인드를 대조해 보며 강한 교사로 나아가는 첫걸음을 내딛으실 수 있길 바랍니다.

 ## 훈육의 목표를 잘못 설정한다

저는 훈육의 목표가 문제 행동을 한 아이를 따끔하게 혼내어 문제 행동을 다시는 하지 못하게 하는 것이라고 생각했습니다. 아이가 문제 행동을 할 수밖에 없었던 계기가 있음을 인정해 버리면, 아이를 다그친 제가 민망해질 수 있기에 아이의 변명을 최대한 반박하고자 노력했습니다.

> 민준 : 야! 김서윤!
>
> 교사 : 김민준, 급식실에서 왜 소리 질러!
>
> 민준 : 아니, 서윤이가 저를 보면서 엄지손가락을 밑으로 내리면서 "우, 우!"라고 해서요…….
>
> 교사 : 그렇다고 소리를 질러? 잘한 행동이야? (아이를 혼내려고 아이의 변명에 반박)
>
> 민준 : 그런데 아까부터 저한테만 조용히 하라 그러고…….
>
> 교사 : 그럼 네가 애초에 조용히 했으면 됐잖아! (아이를 혼내려고 아이의 변명에 반박)

이러한 대화의 반복은 저와 아이의 관계에 점점 금이 가도록 했습니다. 아이는 저를 말이 통하지 않는 사람으로 여겨 저에 대한 거부감을 가지게 되었고, 훈육 상황 자체를 무시하게 되면서 교실에는 제가 통제할 수 없는 아이가 하나둘 늘었습니다.

강한 교사의 훈육 목표는 아이와의 관계를 해치지 않으면서 규칙을 전달하는 것입니다. 문제 행동의 빈도를 줄이기 위해서는 교사와 학생의 건강한 관계가 전제되어야 하기 때문입니다. 대부분의 문제 행동에는 나름의 계기가 있음을 인정하고, 전략적으로 공감해 준 뒤 규칙을 전달하는 것이 좋습니다. 규칙 전달은 한번 한다고 바로 적용되지 않습니다. 1년간 꾸준히 반복적으로 전달해야 합니다. 특히, 아이와 아이 간의 갈등이 교사와 아이 간의 갈등으로 번지는 것을 막아야 합니다.

민준 : (소리 지르며) 야! 김서윤!

교사 : 민준이, 이리 와 보세요. 무슨 일이지?

민준 : 서윤이가 저를 보면서 엄지손가락을 밑으로 내리면서 "우, 우!"라고 해서요…….

교사 : 그래서 기분 나빠서 소리 질렀어?

민준 : 네.

교사 : 그래, 둘이 어떤 일이 있었던 것 같네. 이 부분에 대해서는 좀 있다가 서윤이랑 함께 이야기해 보자. 네 마음은 이해하지만, 이런 때에는 차분하게 해결하거나, 선생님께 알리는 방법을 써야 해. 급식실에서 큰 소리를 내는 건 안 돼.

민준 : 네.

억울한 감정을 가진 아이는 훈육을 온전히 받아들이지 못합니다.

따라서 "어떤 일이 있었던 것 같네.", "서윤이랑 같이 이야기해 보자." 등의 말을 전략적으로 선택하여 교사는 말이 통하는 사람이라는 인식을 심어 줍니다. 아이를 내 편으로 만든다는 큰 틀의 목표를 훼손하지 않으며 규칙을 전달하는 것으로 훈육을 매듭짓습니다. 문제 행동의 해결보다 아이와의 관계 지키기가 더 중요합니다. 그리고 심각한 사안이 아니라는 판단이 들면 굳이 교사가 서윤이와 이야기 나누지 않아도 됩니다.

💬 아이와의 말싸움에서 이기려고 한다

저는 아이의 숨은 욕구를 파악하지 못하고 표면적인 대화에만 신경 썼습니다. 아이의 말에 있는 논리적인 허점을 찾아 반박하며 말싸움에서 이기려고 했습니다.

아이 : 선생님, 옆 반은 과자 파티하던데 저희는 왜 과자 파티 안 해요?

교사 : 옆 반이 하는 건 우리도 다 해야 해?

아이 : 우리만 안 하잖아요!

→ 표면 욕구 : '과자 파티하고 싶다.'

→ 숨은 욕구 : '선생님께 버릇없이 말하고 싶다.'

교사 : 과목 중에 과자 파티라는 과목은 없어.

아이 : 그러면 옆 반은 왜 해요?

교사 : 옆 반과 비교하지 마. 선생님도 너희를 다른 반 아이들과 비교 안 하잖아?

아이 : 비교하셔도 되는데요?

교사 : 그럼 상처 받을 거 아니야. 난 상처 주고 싶지 않아.

아이 : 상처 안 받는데요?

말싸움으로 이어지는 대화를 끌고 가며 어떻게든 저의 옳음을 증명하려 했습니다. 학생의 계속되는 말대꾸와 반항적인 태도에 화가 나 감정적인 말투가 나오기도 했습니다.

강한 교사는 말싸움에서 이기는 것이 아이와의 관계에서 이득이 될 것이 없다는 것을 알고, 아이의 숨은 욕구를 빠르게 파악하여 대처합니다.

민준 : 선생님, 옆 반은 과자 파티하던데 저희는 왜 과자 파티 안 해요?

교사 : 과자 파티가 하고 싶어?

민준 : 네!

교사 : 아쉽지만, 선생님의 계획에 과자 파티는 없어.

민준 : 아, 왜요!

→ 표면 욕구 : '선생님의 계획에 과자 파티가 없는 이유를 알고 싶다.'

→ 숨은 욕구 : '선생님께 버릇없이 말하고 싶다.'

교사 : 왜요……? 민준이, 이리 와 보세요.

민준 : …….

교사 : 지금 선생님한테 그런 말투를 쓴 거야?

민준 : 아니, 과자 파티 왜 안 하는지…….

교사 : 방금 그 말투는 뭐지?

민준 : …….

교사 : 대답해야지?

민준 : …….

교사 : 민준이가 선생님과 대화하고 싶으면, 예의 있게 말해야 해.

민준 : 네.

교사 : 평소에 예쁘게 잘 말하잖아. 실수지?

건강한 상하 관계가 전제되지 않은 대화는 의미가 없기에 아이에게 교사에 대한 태도를 먼저 지적합니다. 훈육이 끝난 뒤, 훈육을 받으며 굴욕감을 느꼈을 아이와의 신뢰 관계를 해치지 않기 위해 마음을 어루만져 줍니다. 과자 파티를 하지 않는 이유는 모든 대화가 끝난 뒤에 따뜻한 눈빛으로 차근차근 설명해도 늦지 않습니다.

카리스마에 대해 잘못 이해한다

저는 카리스마를 갖기 위해 무섭게 보이려고 했습니다. 더 크게 소리를 지르고 더 괴팍한 표정을 지으려고 노력했습니다. 아이들이 제 권위를 위협한다고 여겨 불안해했고, 더욱 큰 소리를 내고 눈에 힘을 잔뜩 주는 것이 아이들을 이기는 방법이라 생각했습니다.

아이들 : (몇 번 지적받았음에도 수업 시간에 떠든다.)

교사 : 지금 뭐하자는 거야! 수업 시간에 떠들지 말라고 몇 번을 말해? 한번 주의 줬으면 알아들어야 할 거 아니야! 꼭 소리를 질러야 말을 듣지?

고함과 험상궂은 표정은 강해 보이는 표현이 아니라 적대감을 드러내는 표현입니다. 아이들은 자신에게 적대감을 드러내는 사람의 편이 되고 싶어하지 않습니다. 아이들은 교사를 자신의 적으로 규정하고 문제 행동을 도리어 정당화합니다. 훈육에서 내 편 만들기에 실패하면 문제 행동의 교정은 기대하기 어렵습니다.

강한 교사는 쉽게 흥분하지 않고 여유로운 태도를 유지합니다. 흥분한 느낌의 발화는 약해 보인다는 것을 알고, 아이들이 카리스마를 느끼게 하는 방법을 선택합니다.

아이들 : (몇 번 지적했음에도 불구하고 수업 시간에 떠든다.)

교사 : 지금…… 떠드는 친구들 나와 볼까?

아이들 : (주섬주섬 나온다.)

교사 : 왜 떠들어?

아이들 : …….

교사 : 선생님이 몇 번 주의줬지?

아이들 : 두 번…….

교사 : 그런데 왜 떠들지?

아이들 : …….

교사 : 내가 알려 줄까?

아이들 : …….

교사 : 선생님이 예쁘게 말해 주니까, 너희가 한 잘못들에 대해 심각함을 못 느
낀 것 같아. 선생님이 이제 무섭게 할까?

아이들 : 아니요…….

교사 : 선생님도 내가 좋아하는 너희들한테 무섭게 하기 싫어. 예쁘게 말할 때
듣자.

큰 목소리 대신 차분한 목소리, 무섭게 노려 보는 표정 대신 여유
롭고 싸늘한 무표정, 다그치는 말투 대신 싸늘한 말투는 일대다의 교
실 속에서 아이들에게 반감을 사지 않고 교사의 카리스마를 보여 줄

수 있는 적절한 비언어적 행동입니다.

 ### 아이를 힘으로 찍어 누르려고 한다

저는 교사와 아이들의 상하 관계를 중요하게 여기기는 했지만, 그러한 관계를 아이들을 힘으로 찍어 누르는 방식으로 만들려고 했습니다. 말 한 마디로 교사에 대한 태도를 바로 잡지 않으면 강압적인 언행을 사용해서라도 예의를 강요하였습니다.

교사 : 민준, 나와.

민준 : 왜요?

교사 : 왜요? 똑바로 서.

민준 : (짝다리를 짚은 채 주머니에 손을 꽂고 바르게 서지 않는다.)

교사 : 주머니에서 손 빼고 똑바로 서라고!

민준 : (꿈쩍도 하지 않는다.)

교사 : 해보자는 거지? 똑바로 안 서?

민준 : 왜 저한테만 화내요?

교사 : 어디서 말대꾸야! 내가 바보로 보여? 자세 똑바로 안 해?

아이가 교사의 지시에 반항적인 태도를 보이는 이유는 일반적으로 교사에게 불만이 있기 때문입니다. 불만을 힘으로 찍어 누르는 행동은 교사에 대한 아이의 반항심을 더욱 키웁니다. 이미 아이는 교사의 권위를 인정하지 않은 상태, 교사를 만만하게 보고 있는 상태이므로 강압적인 지도 방법은 효과를 보기 어렵습니다. 아이가 자신을 보호하기 위해 단단하게 굳힌 방패를 더 크고 날카로운 창으로 뚫으려고 하면 아이는 교사를 적으로 규정합니다. 그리고 이것은 교사와 아이의 건강한 관계라는 훈육의 전제를 충족시키지 못합니다.

강한 교사는 냉정하게 자신과 아이의 관계를 판단한 후, 아이에게 교사에 대한 불만이 보인다면 아이와의 관계 회복을 우선시합니다. 아이가 내민 단단한 방패를 뚫을 수 없다는 것을 알기에 더 큰 창을 준비하지 않습니다. 방패를 내민 이유를 생각하고, 그 방패를 스스로 내리게 하는 것을 훈육의 첫 목표로 둡니다.

교사 : 민준, 나오세요.

민준 : 왜요?

교사 : 왜요……? 똑바로 서세요.

민준 : (짝다리를 짚은 채 주머니에 손을 꽂고 바르게 서지 않는다.)

교사 : '지도가 오랜 시간 반복되니 지금 나에게 반감을 품고 있구나. 우선 아이에게 적대감이 없다는 걸 표현하고, 지금까지 잘못 형성된 관계를 되돌릴 시간을 가

져야겠어.'

민준 : ······.

교사 : 선생님은 너랑 싸우자는 게 아니야. 너의 얘기를 들어보고, 네가 좋은 방향으로 나아갈 수 있게끔 도와주는 게 선생님의 역할이야. 그런데 지금 네 태도를 보니 선생님에게 불만이 있는 것 같네. 연구실에서 같이 이야기해 보자. 따라 와.

강한 교사는 효과가 미미할지라도 아이와의 관계를 악화시키지 않는 방법을 선택합니다. 아이가 대화하고자 하는 의지가 없을 땐 다음 기회를 노립니다. 한두 번의 훈육으로는 아이와의 잘못된 관계를 회복하기 어렵다는 것 또한 잘 알고 있으니까요.

💬 수업 진도가 나가지 않으면 조급해한다

저는 해당 수업에서 나가야 할 진도를 지키는 것에 조급해했습니다. 문제 행동이 발생해도 말 한두 마디로 제지하고 수업을 계속 진행했지요.

교사 : 자, 수업 시작했는데 아직 책도 펴지 않은 사람 있어. 민준, 바르게 앉고! ··· 자, 다음 문제 보자. 거기 서준, 준호 떠들지 마! ··· 조용, 조용! 왜 떠들어? 문

제 푸는 시간이야! 주목! 자, 자, 주목, 주목! 선생님 보세요!

문제 행동 발생 시, 충분한 훈육 시간이 필요한 순간임에도 훈육을 급하게 마무리하면 아이들은 자신의 문제 행동을 별것 아닌 것으로 생각합니다. 그렇게 되면 문제 행동은 얼마 안 가 다시 발생하게 되고, 수업은 더욱 자주 멈추게 됩니다.

강한 교사는 교사와 학생의 상하 관계가 희미한 상태에서 수업이 이루어지기 어렵다는 것을 인지합니다. 책을 꺼내지 않고, 자세를 바르게 하지 않고, 수업 시간에 떠드는 등의 행동은 초등학생 특성상 어쩔 수 없는 부분이지만, 수업에 방해가 되는 수준이라면 교사와 규칙이 가진 권위가 부족한 탓일 수 있습니다. 이런 때에는 문제 행동이 발생한 근본적인 원인을 파악하고 훈육에 충분한 시간을 투자할 필요가 있습니다.

교사 : 종친 지 1분이 지났는데 아직 책을 안 가져온 친구들이 있네. 복도로 나오세요. 다른 친구들은 20쪽을 읽고 있어요.

교사 : (불량한 자세의 아이를 바라보며) 선생님에 대한 존중이 부족한 것 같은데, 얘기 좀 할까?

교사 : (떠드는 아이를 바라보며) 앞으로 나오세요. 수업 시간에 떠든 이유가 뭐지?

교사 : 주목! (집중 구호) 주목하는 데 시간이 너무 오래 걸렸어. 잘 지킨 아이들은 훌륭합니다. 다시 연습하겠습니다.

특히 학기 초에는 진도 욕심을 내지 않고 수업 시간의 문제 행동에 대해 단호하게 대처해야 합니다. 수업 시간에 대한 기본적인 예의를 지키지 않는 것에 대해 교사의 냉정하고 단호한 태도를 지속해서 보여 줄 필요가 있습니다. 이번 시간 공부는 포기한다는 마인드로, 조바심을 내지 않고 상하 관계와 규칙 전달을 위한 훈육 시간을 확보하는 것이 중요합니다.

💬 힘 없는 지시를 반복한다

저는 힘 없는 지시를 반복했습니다. 아이들이 모두 듣고 있지 않음에도 '난 내 할 말 했어. 못 들은 너희가 잘못이야.'라는 생각으로, 말을 전달하는 것보다 말을 내뱉는 데에만 집중했습니다. 아이들이 떠들고 있으면 떠드는 소리보다 더 큰 소리로 지시했지요.

교사 : 자, 설명 한번만 할 거야! 지금 안 듣는 친구들, 다시 설명 안 해 준다!
교사 : 여기서 한번 접고, 자, 자, 지금 선생님 봐야 해. 안 보면 못한다.

교사 : 체육관 도착하면 어떻게 해야 된다고? 뒤에 선생님 안 보는 사람이 있네! 다시! 체육관 도착하면 어떻게 해야 해?

아이가 한 명이라도 주목하고 있지 않은 상황이라면 지시는 힘을 잃습니다. 교사의 지시가 통하지 않는 상황이 반복된다면, 교사의 말을 경청하고 있는 아이들마저 교사의 지시를 서서히 사소하게 받아들이게 됩니다. '선생님 말씀하시는데 쟤네 떠드네? 나도 떠들어도 되나?'라고 생각하게 되지요.

강한 교사는 지시 전 반드시 전체 정숙 상황을 만듭니다. 한 명이라도 보고 있지 않으면 지시를 멈추고 올바른 경청 태도를 기다리지요. 필요하다면 훈육에 시간을 할애합니다.

교사 : 주목! (집중 구호) ……. (전체 정숙) 인성 교육 규칙 설명하겠습니다. 규칙을 듣지 않으면 우리가 행복하게 인성 교육을 할 수 없습니다. 질문은 선생님이 규칙을 모두 전달한 후에 손 들고 발표합니다.
교사 : 종이를 먼저 반으로 접고… (떠드는 소리가 들리면 교사는 지시를 멈추고 아이들을 가만히 쳐다 봅니다.) ……. 무슨 일이지? (전체 정숙 이후) 열심히 듣고 있는 다른 친구들에게 피해가 되는 행동이야. ……. 다시 설명하겠습니다.

물론, 초등학생 특성상 선생님께 집중하기 어려운 학생들도 많습니다. 사소한 행동 하나하나 너무 민감하게 반응하는 것보다는 지시의 흐름이 끊기지 않는 정도의 전체적인 경청 분위기를 융통성 있게 조성할 필요가 있습니다.

예외적으로, 치료가 필요한 아이에게 보편적인 수업 태도를 갖추지 않았다고 지적하면 오히려 역효과가 날 수 있습니다. 또 태도를 바르게 할 것을 지적했는데 심한 반항심을 보이는 학생이 있다면 어느 정도 기준을 낮추는 것이 좋습니다. 수업 진행에 크게 방해되는 행동을 하는 게 아니라면 아이가 엎드려 있어도 눈 감아주는 편이 선생님의 마음 건강에 더 좋습니다. 내 힘으로 바꾸기 어렵다고 생각되는 부분이 있을 때, 교사의 기준을 잠시 내려놓고 교실의 평화라는 목적에 조금 더 집중하시는 편이 스트레스 관리에 좋습니다. 아이와의 대치 상황을 최대한 줄이면서 교사에 대한 반감을 조금씩 빼준다면 오히려 아이와 대화해 볼 여지가 생기기도 합니다. 다만 이때, 다른 아이들에게서 "왜 쟤는 혼내지 않고 우리한테만 그래요?"라는 반응이 나올 수 있습니다. 따라서 다른 아이들과의 신뢰 관계를 미리 단단히 하여 "그래요, 선생님. 쟤는 그냥 어느 정도 눈 감아주시는 편이 나을 것 같아요."라는 여론을 만들어 나갈 필요가 있습니다.

💬 지시가 명확하지 않다

저는 아이들에게 혼란스럽게 지시했습니다. 여러 가지 지시를 한 꺼번에 아이들에게 전달하고 이를 전부 수행하길 기대했습니다.

> 교사 : 남은 물감은 뚜껑 제대로 닫아서 사물함 안에 보관하세요. 물통 안에 물은 버리고 교탁에 놔두세요. 그림은 일단 뒤쪽 사물함 위에 올려 두세요. 아, 그리고, 그림 뒤에 이름을 쓰세요! 아, 맞다! 물통은 씻어서 와야 해! 책상도 물티슈로 닦으세요.

성인이라도 많은 양의 지시를 한번에 듣고 빠짐없이 이행하기는 어렵습니다. 그나마 성인이라면 지금 내가 해야 할 일을 찾아서 눈치 껏 따라 할 수 있지만 아이들은 경험이 적고 집중 시간이 짧아 한번에 두 가지 이상의 지시를 이행하기 어렵습니다. 물통에 담긴 물을 버리다가도 옆 친구의 웃긴 그림을 보면 다음 지시를 잊게 됩니다. 붓을 헹구다가도 화장실의 악취를 맡게 되면 변기 칸의 문을 죄다 열어보느라 다음 지시를 잊게 됩니다. 초등학생의 특성을 이해하지 못하고 무리한 양의 지시를 하게 되면 교실이 어수선해지기 쉽습니다. 교사가 원하는 지시 이행 상황이 만들어지지 않게 되면 교사와 아이의 불필요한 갈등 상황이 생기게 됩니다.

지시 사항은 한번에 하나씩 간결하게 제시하고, 하나가 완료된 이후 다음 지시를 하는 것이 좋습니다.

> 교사 : 모두 물감 뚜껑 닫습니다. 완료한 사람은 손무릎합니다.
> 교사 : 물감은 봉투 안에 넣으세요. 완료한 사람은 손무릎합니다.
> 교사 : 첫 번째 줄 사물함 사용하는 사람은 손들어 보세요. 사물함에 봉투 넣고 자리에 앉습니다.

미술 시간에 준비물을 정리하는 루틴은 잦은 훈련이 필요합니다. 태블릿 수업 시간에 학급 게시판에 접속하는 루틴 또한 잦은 훈련이 필요합니다. 간결한 지시로 이 훈련을 하다 보면 아이들은 자연스럽게 수업의 루틴을 익히게 됩니다.

부득이하게 많은 양의 지시를 해야 할 때는 화면이나 칠판에 순서대로 적어두어 아이들이 놓치는 부분이 없게끔 배려하는 것이 좋습니다.

> 교사 : 미술 시간은 여기까지 하고, 여러분이 지금 해야 할 일을 앞에 적어 두겠습니다. 순서대로 정리하세요.

💬 충고나 조언을 해야한다는 오디오 강박이 있다

저는 아이들이 활동하는 와중에도 끊임없이 지시했습니다. 아이들이 스스로 차분하게 시간을 갖고 생각해야 하는 시간임에도, 교사로서 활동에 대한 충고와 조언을 해야 한다는 강박에 쉴 틈 없이 인풋을 하려 애썼습니다.

> 교사 : 글쓴이의 주장에 타당성이 있는지 여러분의 생각을 써 보세요. (아이들이 쓰는 중) 글쓴이의 주장에 대한…… 타당성이 있는지…… 생각을 쓰려면…… 먼저 글쓴이의 주장에 대한 근거가 무엇인지…… 글씨는 바르게 쓰지 않으면 도장 안 찍어 줍니다…… 여러분의 생각에는 정답이 없습니다…… 펜으로 쓰는 친구가 있네…… 어떻게 지우려고 그러지…… 연필을 사용해야 여러분의 소근육이 발달해서…… 올바른 글씨체를 얻는 데 도움이 됩니다…….

교사의 지시가 의미 없이 많아진다면 아이들은 이를 이행해야 할 지시로 받아들이지 않고 차단해야 할 외부 자극으로 느낍니다. 지시가 잔소리처럼 들리는 겁니다. 이것은 교사 목소리 자체에 대한 거부감으로 이어질 수 있으며, 아이들은 꼭 필요한 지시를 흘려듣게 됩니다. 지시에 담긴 권위가 약해지는 계기 중 하나입니다.

교사의 지시는 힘이 있어야 합니다. 지시의 힘을 키우기 위해서는 교사의 말을 최대한 아끼고 필요할 때 꺼내 사용해야 합니다. 수업 중 아이들과 농담을 주고받고, 아이들에게 재미있는 이야기를 풀어줄 땐 말 많은 래퍼가 되어도 상관없습니다. 하지만 지시 상황일 때만큼은 하루에 말 한두 마디 하는 근엄한 아버지가 되어야 합니다. 이를 위해서는 해야 할 지시를 머릿속에서 최대한 간결하게 정리하여 발화하고 그 이후의 지시는 꼭 필요한 경우가 아니라면 최대한 삼가는 편이 좋습니다.

> 교사 : 글쓴이의 주장에 타당성이 있는지 여러분의 생각을 써 봅시다. 가장 중요한 것은 주장에 대한 근거를 먼저 살펴 보는 거예요. 질문 있는 사람은 손 들고 있으세요. 시작하세요.

 ## 쉴 새 없이 지적한다

저는 쉬지 않고 지적했습니다. 조금이라도 마음에 들지 않는 부분이 생기면 사소한 것 하나하나 지적하기 바빴습니다.

> 교사 : 서준이, 줄 똑바로 서! 예준이, 말하지 마! 민준이, 지금 만지작거리는 거 빨리 가져와. 서윤이, 지금 유리랑 무슨 얘기했어?

아이들의 문제 행동을 하나하나 깐깐하게 지적하면 아이들은 점차 교사의 목소리에 거부감을 느끼게 됩니다. 교사의 목소리에 부정적인 인식이 심어지면 정당하게 해야 할 지적을 했음에도 불구하고 아이들은 짜증이 올라오게 됩니다.

채널A 예능 프로그램 '금쪽같은 내 새끼'에 출연하는 부모님을 보면 한 가지 공통점이 있습니다. 지적 빈도가 지나치게 높고, 자녀가 마지못해 지시를 이행하는 와중에도 자극을 끊임없이 집어넣는다는 점입니다.

> 부모 : 학교 갔다 왔으면 빨리 숙제해!
>
> 아이 : 한 판만 하고 하려고 했어! (아이가 게임을 멈추고 숙제를 한다.)
>
> 부모 : 그래. 진작 그렇게 했으면 엄마, 아빠가 목소리를 높일 필요도 없잖아. 엄마, 아빠도 노력하고 있는데 너도 그렇게 노력하는 모습을 보여야지…….

아이는 시끄럽다고 소리치며 방문을 쾅 닫아버립니다. 잦은 지적으로 인해 이미 부모의 목소리를 잔소리로 인식한 아이는 훈육자의 목소리 자체에 거부감이 생겼을 가능성이 큽니다.

지적하기 전에 이 지적이 당장 꼭 필요한지 생각할 필요가 있습니다. 이 지적이 잔소리로 들릴지, 납득할 수 있는 지시로 들릴지 고민하는 시간을 잠시 갖는 것이 좋습니다. 사소한 문제 행동은 잠시 기다리면 대체로 사그라드는 경우가 많습니다. 무시해도 된다고 판단되면 무시하는 것도 좋습니다.

제지가 필요한 경우에도 먼저 침묵을 동반한 시선으로 제지하는 것이 좋습니다. 상하 관계가 정립되어 있다면, 사소한 문제 행동은 수업을 멈추고 아이를 바라보는 것만으로도 제지할 수 있습니다.

침묵과 시선은 문제 행동의 제지에 목적을 두기도 하지만, 용서에 목적을 두기도 합니다. 이를 '전략적인 용서'라 합니다. 두어 번 침묵과 시선으로 문제 행동을 제지(용서)하더라도 문제 행동은 반드시 반복됩니다. 이때, 교사는 말로써 지적하지 않고 시선으로 눈치를 주며 자비를 두어 번 베풀었기에 아이는 이어지는 교사의 훈육을 납득할 수 있습니다.

교사 : 선생님이 너에게 눈짓 줬지?

아이 : 네······.

교사 : 몇 번 줬지?

아이 : 세 번······.

교사 : 세 번이나 용서해 줬지? 그런데 왜 계속 떠들죠?

아이 : ······.

교사 : 떠들면 안 되는 이유가 뭐지?

아이 : 수업에 방해가 돼서······.

교사 : 잘 알고 있네. 노력할 거지?

아이 : 네······.

 ## 아이의 긍정 행동을 강화하려는 노력이 없다

저는 아이의 문제 행동에 대해 부정적 피드백을 전달할 때만 아이와 일대일로 대화하곤 했습니다. 아이와의 일대일 대화는 온통 지적과 야단으로 채워졌습니다. 혼낼 일이 없으면 따로 불러서 이야기할 일이 없었으니까요.

교사 : 저번에 한번 말했는데 또 글씨가 이렇네?

교사 : 교실에서 목소리 줄이라고 몇 번 말했어? 어?

교사 : 넌 맨날 지각하니? 학교가 우스워?

이러한 대화가 반복되면서 저는 아이들의 시선에 그저 '혼내는 사람'으로 보였습니다. 아이들은 혼나지 않기 위해 변명과 거짓말을 했습니다. 자주 야단을 쳐도 문제 행동은 줄지 않았고, 저와 아이들의 관계는 나쁜 방향으로만 흘러갔습니다.

아이들의 문제 행동을 훈육하는 것도 중요하지만, 훈육이 필요하지 않은 평화로운 상황 또한 관심을 기울일 필요가 있습니다. 아이의 문제 행동을 지적하는 것보다 긍정 행동에 대한 칭찬이 아이의 행동 양식을 바꾸는 데 더욱 도움이 되기 때문입니다. 지적할 것이 없다는 것은 훈육 몇 번으로 아이들의 기질이 바뀐 것이 아니라, 아이들 나름 대로 노력하고 있다는 뜻이니까요.

> **교사** : 교실에서 뛰지 말라고 몇 번을 말했어? 지키려는 노력조차 안 하잖아?
> **아이** : '어제랑 엊그제는 안 뛰려고 노력했는데…….'

아이 나름의 노력을 알아채지 못하고 문제 행동 지적에만 집중하면 아이는 '선생님은 내 나쁜 면만 본다.'고 생각하게 됩니다. 교사 입장에서는 아이들이 문제 행동을 하지 않으려고 노력하는 게 당연한데 굳이 칭찬까지 해 줘야 하나라고 생각할 수 있습니다. 하지만 아이가 바라보는 교사의 이미지는 중요합니다. 자신의 빈틈만 파고드는 사람보다, 자신의 노력을 조금이라도 알아 주는 사람에게 더 마음이 가는 것은 어쩔 수 없으며 그러한 교사의 훈육은 더욱 설득력 있게 됩니다.

> **교사** : 저번보다 글씨가 좋아졌어. 노력하고 있구나?
> **교사** : 책 잘 폈네. 노력하는 모습 보기 좋아.
> **교사** : 오늘 민준이가 소리 지르는 걸 한번도 못 봤네. 기특해.

교사 : 요즘 지각 안 하네? 너의 노력이 참 멋있어.

늘 잘하고 있는 아이들에게도 한번씩 따뜻한 관심을 줄 필요가 있습니다. 평소 수업에 발표를 잘하던 아이가 점점 발표를 안 한다거나, 청소를 잘하던 아이가 게으름을 피워 '잘하던 애가 요즘 왜 이러지?'라는 생각이 든다면, 긍정 행동 강화가 잘 이루어지지 않았을 가능성을 염두에 둬야 합니다. 긍정 행동 강화는 거창한 것이 아닙니다. 당연하게 생각하던 아이들의 노력을 발견하고 가끔 한마디씩 건네 주는 것으로 충분합니다.

교사 : 민준이는 선생님 질문에 늘 대답을 잘해. 수업에 엄청나게 집중하고 있다는 뜻이지. 참 좋아.

교사 : 서준아, 빗자루질 꼼꼼하게 참 잘한다. 책임감이 멋있어.

교사 : 창틀 깨끗하게 닦은 것 좀 봐. 서윤이는 방도 매우 깨끗하지?

교사 : 늘 느끼는 거지만 준우는 참 자세가 예쁘다.

훈육 중에도, 훈육 상황을 지켜보는 아이들의 긍정 행동을 강화할 수 있습니다.

교사 : '다른 친구들은 지금 규칙을 지키려고 노력하고 있어. 너도 노력하고 있는 걸

선생님이 알고 있어서 혼내지 않는 거야.'

처음에는 낯부끄러워 어색할 수도 있습니다. 긍정 행동 강화를 목적으로 칭찬을 건네지만 들은 체도 하지 않는 아이들도 있고요. 아이도 민망해서 어떻게 반응해야 할지 몰라 그런 거니 '몰라! 난 아무튼 칭찬했어!'라는 쑥스러움으로 시작해 보세요. 아이들은 선생님의 그 쑥스러운 말 한 마디에 큰 영향을 받기도 합니다. 긍정 행동 강화 멘트도 훈련하다 보면 아이들을 들었다 놨다 할 수 있는 선생님의 강한 무기가 되어있을 것입니다.

💬 훈육 타이밍을 잘못 잡는다

저는 훈육 타이밍을 제대로 잡지 못했습니다. 예를 들어, 한 아이가 다른 아이의 문제 행동에 대해 알리러 오면, 문제 행동을 빠르게 지적해서 해결해야겠다는 생각에 성급하게 아이를 부르는 경우가 많았습니다.

서윤 : 선생님, 민준이가 저희 보드게임 하는데 자꾸 방해해요.

교사 : 뭐? 민준! 너 이리로 와!

민준 : 아니, 저 아무것도 안 했어요!

서윤 : 너 계속 우리 카드 뭐 있는지 말하면서 방해했잖아!

교사 : 이리 와! 아무것도 안 했으면 서윤이가 선생님한테 왜 말했겠어.

민준 : 아니, 그냥 카드 뭐 있다고 말만 한 건데요.

교사 : 친구들 게임하는데 그거 말하면 돼, 안돼?

민준 : 아니, 진짜 방해는 안 했는데요.

교사 : 그게 방해라니까?

피해를 받은 아이가 교사에게 달려가는 순간, 문제 행동을 한 아이는 생각합니다. '아니, 내가 뭘 했다고? 그냥 장난 좀 친 건데?', '선생님께 뭐라고 변명하지?' 아이는 방어 기제로써 변명하려고 머리를 쓰면서 약간 흥분하게 됩니다. 훈육을 받아들일 수 있는 타이밍이 아닌 거죠. '훈육에 타이밍이 어딨나, 아이가 잘못했으면 혼나고 깔끔하게 인정하고 가면 되는 거지.'라고 생각할 수 있지만, 인간관계라는 게 그렇게 간단하지 않습니다. 방패가 올라온 상태에서의 훈육은 효과가 덜합니다. 방패를 내리는 것이 우선이 되어야 합니다. 시간을 잠시 버는 건 아이가 방패를 내리는 데 도움을 줍니다. 아이를 혼내는 것과 문제 해결 자체가 교사의 목적이 되어버리면 내 편 만들기라는 종착점은 점점 멀어집니다.

피해 당한 아이가 교사에게 달려왔을 때, 문제 행동을 한 아이는 이미 자신의 어떤 행동이 잘못된 것인지 알고 있습니다. 그래서 교사가 잠시 눈을 마주치고 손바닥으로 제지하는 신호 정도만 보내도 문제 행동은 제지됩니다. 교사를 쳐다보고 있지 않더라도, 이미 자신의 잘못을 인지한 상황이기 때문에 당장 훈육을 하는 것보단 스스로 방패를 내릴 때까지 잠시 시간을 두는 것이 좋습니다. 3분 정도가 지났을 때 얘기를 나눠 보면 한결 차분한 대화를 할 수 있습니다. 피해를 받은 아이의 말이 100 % 사실이 아닐 수도 있기에, 교사 또한 이성적으로 현장을 파악할 수 있는 시간이 필요합니다.

교사 : 민준아, 잠깐 나와 봐.

민준 : 네?

교사 : 아까, 서윤이랑 다른 아이들이 보드 게임 할 때 같이 있었지?

민준 : 네.

교사 : 그때 무슨 일 있었어?

민준 : '모른 척해야겠다.' 아니요? 아무 일도 없었어요.

교사 : 그래? 선생님이 봤을 땐 민준이가 카드 게임을 방해하는 것처럼 보였거든.

민준 : 아, 그거 그냥 애들 카드 뭔지 궁금해서 물어본 거예요.

교사 : 그래? 카드 내용을 말한다거나 그런 일은 없었어?

민준 : 안 그랬어요.

교사 : 그렇지? 카드 내용을 말하는 건 잘못된 행동이라는 걸 너도 알지?

민준 : 네.

교사 : 그래. 선생님이 오해했네. 알겠어. 들어가.

예상 시나리오와는 다르게 아이가 인정하지 않았다고 말씨름을 이어 나갈 필요는 없습니다. 훈육은 길게 봐야 합니다. 당장 잘못을 인정하게 하지는 못했지만 '선생님은 말이 통하는 사람', '카드 게임을 방해하는 건 잘못된 행동'이라는 인식을 충분히 주었으므로 한발 물러서도 좋습니다. 선생님은 말이 통하는 사람이라는 인식을 꾸준히 심어주면 앞으로 반복될 문제 행동에 대해 스스로 인정할 수 있는 판을 만들기 수월해집니다. 선생님 앞에서 방패를 올릴 필요가 없다는 것을 깨닫기 때문입니다.

PART 2

교사와 학생의
상하 관계

• • • • • • •

강한 사람처럼 보이는 기술

아이와 상하 관계를 정립하자

 아이의 숨은 욕구를 파악하자

아이들의 반항은 작더라도 반드시 만나게 됩니다. 반항 총량의 법칙이라는 게 있으니까요. 새 학년이 시작되었을 때, 교실의 몇몇 아이는 생각합니다. '작년엔 나보다 잘나가는 친구들이 있어서 가만히 있었는데, 올해는 좀 까불어도 되겠는데?', '너희는 선생님을 대하기 어렵지? 내가 선생님께 친근하게 대하는 것 좀 봐!', '저를 성인과도 친하게 지낼 수 있는 친화력 좋은 아이로 인정해 주세요.'

다양한 욕구로 빚어진 사고 과정을 거쳐 아이는 교사에게 투정을 부리는 등 친근함을 가장한 작은 도전을 시작합니다.

아이 : 선생님, 옆 반 피구하는데 저희는 왜 안 해요?

아이 : 쓸 말이 없는데요.

아이 : 단소 없는데요.

이렇게 말하고 난 아이는 교사의 반응을 살핍니다. 아이의 욕구는 '피구하고 싶다.'가 아닌, '선생님께 버릇없이 말하기'입니다. 그런데 교사가 아이의 욕구를 '피구하고 싶다.'로 잘못 해석하여 "안 돼. 지금은 피구하는 시간이 아니야.", "그럼 옆 반으로 가." 등으로 반응하면 아이의 작은 도전은 성공하게 되고, 아이는 '오케이. 이 정도 말투는 허용되는구나.'라고 여깁니다.

작은 도전 ➡ 숨은 욕구 허용 ➡ 도전 성공 ➡ 더 큰 도전

작은 도전에 성공한 아이는 점점 더 큰 도전을 하게 되고, 교사가 아이의 버릇없는 언행에 대하여 화가 나게 되면서 아이에 대한 반감이 생기고 말과 행동에 짜증이 섞이면서 의미 없는 말싸움이 시작됩니다.

교사 : 동의서 가져왔니?

아이 : 아, 엄마가 안 챙겨줬어요. 내일 낼게요.

➡ 표면 욕구 : 억울하다.

→ 숨은 욕구 : 버릇없이 말하고 싶다.

교사 : 네가 애야? 그런 건 혼자 챙겨야지! 그걸 변명이라고 해?

아이 : 쟤도 안 냈는데요?

이렇게 교사가 아이의 숨은 욕구를 알아채지 못하고 무심코 허용해 버리는 과정에서 아이는 교사를 만만한 존재로 인식하게 됩니다. 심지어 아이 스스로도 자신이 작은 도전을 하고 있음을, 자신에게 숨은 욕구가 있음을 모르는 경우가 많습니다. 결국 교실의 평화가 위협받게 되고, 교사가 준비한 훌륭한 수업이 힘을 쓰기 어려워집니다. 따라서 아이의 숨은 욕구로 비롯된 작은 도전을 사전에 차단할 수 있는 상하 관계 기술이 필요합니다.

💬 아이는 약한 사람의 말을 듣지 않는다

경력 많은 훌륭한 선생님들께서 자신만의 노하우를 전수해 주시는 유튜브나 커뮤니티를 어렵지 않게 찾을 수 있습니다. 그러나 분명히 수많은 선배 교사에게 검증된 방법임에도 내가 쓰면 이상하리만치 효과가 없는 경우가 많습니다. 책상을 노크하거나 아이의 어깨를 짚는 단순한 행위로 아이가 조용해진다면 교실은 대체로 평화로울 것입니다. 하지만 저 같은 만만이 교사가 수업을 방해하는 아이의 책상을 노크하면 "왜요?" 같은 천불 나는 대답이 나옵니다.

여기 조직의 두목과 부하의 대화를 예시로 들어보겠습니다.

두목 : 부하야, 너 담배 피우는 거 알겠는데, 내 앞에선 피지 마. 보기 안 좋아.

부하는 알겠다고 고개를 끄덕일 것입니다. 반면 위의 대사를 부하가 했다면 어떨까요?

부하 : 두목, 너 담배 피우는 거 알겠는데, 내 앞에서라도 안 피려고 노력해 보는 게 어때? 건강에 안 좋잖아. 네가 걱정돼서 그래.

이 부하는 다음날 반으로 접힌 채 발견될 가능성이 큽니다. 중요한 건 '행위'가 아니라 행위에 전제된 '관계'입니다. 즉, 누가 그 행위를 하는지가 중요합니다. 그 누구는 '만만하지 않은 사람', '세 보이는 선생님'이 되어야 합니다. 문제 행동을 제지하는 행위에는 교사와 아이의 상하 관계가 전제되어야 합니다.

상하 관계는 교사는 강한 사람으로서 아이가 긴장감을 느끼는 관계입니다. 교사는 아이에게 잘못된 행동에 대해 알려주고 교실의 규칙에 대해 반복하여 지도해야 합니다. 교사를 어려워하지 않고 편한 존재로 인식하면 이러한 지도는 지속되기 힘듭니다. 교실은 안전한 공간이어야지 편안한 공간이 되어서는 안 됩니다. 몇몇 아이에게 있어서 교실은 강한 교사 앞에서 늘 자신의 언행에 신경 써야 하는 다소 불편한 공간이어야 합니다. 교사는 이러한 불편함을 줄 수 있는 교실 속 압도적인 서열 1위가 되어야 합니다.

💬 상하 관계는 논리가 아닌 본능이다

아이들은 교사에게 큰 도전만 하지 않습니다. 작은 도전이 훨씬 많습니다. 아이의 미묘하게 선을 넘는 행동들은 지적하기도 애매하지만, 분명히 교사를 열받게 합니다. 설령 아이의 태도를 지적한다고 하더라도 아이는 자기보다 강하다고 생각하지 않는 사람에게 갑자기 예의를 차리지 않습니다.

> 교사 : (수업 중 떠드는 아이에게) 민준아, 그만.
>
> 민준 : (어깨를 으쓱하며) 네, 네.
>
> 교사 : 어깨 으쓱하는 거 하지 마. 예의 없는 행동이야.
>
> 민준 : (대답을 길게 늘어뜨리며) 네, 네.
>
> 교사 : 대답 그렇게 늘어뜨리며 하지 마. 기분 나쁜 행동이야.

민준 : (과장되게) 네!

교사 : 지금 나랑 장난치자는 거야?

민준 : 참 나……. 하라는 대로 한 건데…….

교사 : 너 지금 뭐라고 했어?!

상하 관계는 논리가 아닌 본능입니다. 그리고 예의는 본능의 영역으로 다뤄야 합니다. 교사의 언어적 표현과 표정, 말투, 목소리 크기 등의 비언어적·준언어적 표현을 보고 상하 관계를 느껴 본능적으로 예의 있게 행동해야겠다는 생각이 들게끔 해야 합니다. 대부분의 아이는 예의 있게 행동하는 법을 이미 알고 있습니다.

앞서 언급한 생활지도 노하우를 전파해 주시는 선배 교사들은 대부분 본능적인 상하 관계를 잘 다룰 줄 아는 분들입니다. 5초도 안 되어 이루어지는 본능적인 서열 정리는 굉장히 중요합니다. 서열 정리가 된 상태이기 때문에 책상을 노크하거나 아이의 눈을 마주치는 것만으로 아이는 상하 관계를 느끼고 즉각적으로 행동을 수정합니다.

💬 친절함은 강한 사람의 특권이다

"따뜻하게 이야기 나눠도 아이들은 충분히 교사에 대한 예의를 차릴 수 있다."는 말이 성립하기 위해서는 교사와 아이의 상하 관계가 전제되어야 합니다. 아이들은 '우리 선생님이 이렇게 친절한데, 내가 그동안 잘못했구나. 나도 교실의 평화를 위해 선생님께 예의 바르게 해야겠다.'라고 생각하지 못합니다. 아이들에게 이 정도의 도덕성을 기대해서는 안 됩니다. 똑같은 친절함이어도 누가 하느냐에 따라 아이들은 다르게 받아들입니다. 강자에게 약하고 약자에게 강한 것은 본능입니다. 교사가 따뜻하게 지도해서 충분히 좋은 결과를 이루어 낸 수많은 사례가 있지만, 좋은 결과가 나오기 전에 아이가 그동안 교사의 언어적·비언어적·준언어적 표현에서 충분한 상하 관계를 이미 느꼈기 때문일 가능성이 큽니다. '선생님이 예쁘게 말할 때 들어야겠다.'라는 생각은 친절한 말 자체가 아닌 친절한 말을 발화하는 교사에 대해 긴장감을 느낄 때 듭니다. 상하 관계가 전제되어 있을 때, 친절함은 더욱 큰 힘을 발휘합니다.

💬 사랑에는 차가운 면도 있다

교사의 사랑에는 따뜻한 면만 있지 않습니다. 차가운 면이 있어야 아이들은 따뜻한 면을 더욱 포근하게 느낄 수 있습니다. 교사와 아이의 관계에서 상하 관계는 차가운 면과 같습니다. 교사의 차가운 면을 본다고 아이들이 교사가 불친절하다, 무섭다고 느끼지 않습니다. 멋모르고 드라이아이스에 손을 대면, '앗, 차가워! 다시는 만지지 말아야지.'라고 생각하지 '아, 짜증 나! 나쁜 드라이아이스! 복수할 거야!'라고 생각하지는 않습니다. 교사의 차가운 면을 마주한 아이는 자신의 어조나 행동이 부적절했음을 본능적으로 느낍니다. 그리고 그 훈육 과정을 지켜보는 다른 아이들은 자신을 지켜줄 수 있는 교사의 카리스마에 든든함을 느낍니다.

수업 중 정색하기를 어려워하는 선생님들이 많습니다. 밝았던 수업 분위기가 한순간 침체하는 것에 대해 경계하십니다. 하지만 길게 봐야 합니다. 교사는 아이들과 190여일을 함께 수업해야 합니다. 당장 오늘은 교사의 차가운 면을 보아 수업 참여도가 위축되고 교사도 수업에 대한 만족도가 낮을 수 있지만, 학기 초에 교사의 선을 명확히 인지하게끔 하는 것이 1년 동안 차가운 훈육을 줄이는 지름길입니다. 또 수업을 방해하는 아이들을 차분하게 하고 안전한 교실을 만드는 것이 수업 참여도를 끌어올릴 수 있는 가장 빠른 방법입니다. 수업 분위기를 꽁꽁 얼리는 것에 대해 주저하지 마시길 바랍니다.

💬 상하 관계에 대한 오해

상하 관계를 정립하는 과정에서 아이들이 상처받지 않을지 걱정하는 선생님들도 계십니다. 차가움은 아이들에게 상처를 주지 않습니다. 아이들에게 상처를 주고 관계를 찢는 것은 날카로움입니다. 날카로움은 흥분, 불통, 적대감, 짜증, 분노, 신경질, 감정적, 강압적, 권위적인 태도입니다. 반면 차가움은 여유와 차분함, 무표정, 싸늘함입니다.

차가움과 날카로움은 혼동하기 쉽습니다. 아이들의 반응이 비슷하기 때문입니다. 날카로움을 자주 꺼내는 교사는 아이들이 나를 예의 바르게 대하고 있다는 이유만으로 '나는 카리스마 있다.', '나는 기가 세다.'라고 착각하기 쉽습니다. 이렇듯 자신이 기가 세다고 말하는 사람들이 정작 아이들과의 관계에서 문제가 많이 생깁니다. 날카로움은 상하 관계에 대한 대표적인 오해 사례입니다.

교사가 추구해야 할 강함은 통쾌한 한 방(날카로움)보다는 여유로운 태도(차가움)입니다. 교실은 예능 프로그램처럼 무슨 말이 오가든 껄껄 웃고 끝낼 수 있는 곳도 아니고, 스스로의 무례함을 반성할 수 있는 성인이 모인 곳도 아닙니다. 아이들에게 날리는 통쾌한 한 방(날카로움)은 굴욕감과 반항심이라는 이름으로 아이들 마음속에 쌓여 갑니다.

저학년의 경우, 교사에 대한 호의가 압도적으로 높고 회복탄력성도 좋으므로 날카로움으로도 학급 운영에 별 차질이 없을 수 있지만, 고학년에게 꺼내 드는 날카로움은 부작용이 심합니다. 사춘기에 접어든 고학년은 주관이 생기기 때문에 교사를 마냥 좋아하지 않습니다. 특히 자신에게 적대감을 내비치는 사람이라면 언제든 반기를 들 준비를 하고 있습니다. 따라서 교사는 건강한 상하 관계를 위해서 날카로워지는 훈련이 아닌 차가워지는 훈련을 해야 합니다.

(💬) 규칙은 교사보다 강하지 않다

민주적인 절차를 통해 규칙을 도출해 내면 아이들이 더욱 잘 지킬 수 있다는 말이 있지요. 가능성은 있지만 이 방법에 크게 기대하면 좌절하기 쉽습니다. 곧 아이들이 이런 말을 할 테니까요. "저는 수업 시간에 떠들지 않기 규칙에 찬성한 적 없는데요."

학급 회의는 만병통치약이 아닙니다. 아이들은 옆 반 김민주, 최민주만 알지 민주주의를 실천하고 다수의 선택에 군말 없이 따를 수 있을 정도로 성숙하지 않습니다.

규칙은 아이를 지도하기 위한 명분입니다. "내 마음에 들지 않는 행동하지 마."라는 말은 설득력이 없으니 "수업 시간에 떠들지 않는 것은 규칙이야."라고 하려고 규칙을 만드는 겁니다.

규칙은 교사보다 강한 힘을 가지기 어렵습니다. 학급 회의를 통해 도출된 규칙을 적용하는 교사가 강하게 버티고 있기에 아이들이 규칙을 따르게 되는 겁니다. 강한 교사가 꽂은 팻말은 이정표가 될 수 있지만, 만만한 교사가 꽂은 팻말은 귀여운 나무 막대에 불과합니다. 상하 관계가 전제되어 있지 않다면 "수업 시간에 떠들지 않는 것은 규칙이야."라는 말 뒤에 "아, 네, 알아요." 등의 예의 없는 말투가 따라옵니다. 이런 말을 듣고 화를 참기 쉽지 않지요.

규칙은 교사의 강한 힘과 함께 나아가야 합니다. 아이들은 서열 1위인 교사가 반복하여 말하는 규칙에 서서히 엄격함을 느낍니다. 교사에 대해 느끼는 엄격함이 점점 규칙에 대한 엄격함으로 옮겨가는 것입니다. 이때 비로소 아이들은 교사가 없어도 자율적으로 규칙을 지킬 수 있는 힘을 키우게 됩니다. 교사와 아이들의 건강한 상하 관계가 전제되어 있을 때, 규칙은 더욱 힘을 발합니다.

💬 상하 관계의 종착지는 사랑이다

상하 관계의 종착지는 아이들을 지배하는 게 아닙니다. 상하 관계는 결국 아이들을 사랑하기 위해서, 내 편으로 만들기 위해서, 교실의 평화를 위해서, 교육하기 위해서 필요합니다. 상하 관계는 교사가 아이들을 사랑받을 수 있는 형태로 만들어 내는 과정입니다.

어떤 선생님께서는 아이들을 있는 그대로 존중해야지, 교사가 원하는 형태로 만든다는 건 너무 위험한 생각이 아니냐고 생각하실 수 있습니다. 아이들에 대해 존중해 줄 수 있는 부분이 있고, 존중해 줄 수 없는 부분이 있습니다. 아이들의 밝은 성격은 "친구랑 사이좋게 지내는 모습 좋아. 그런데 규칙은 지켜야 해."라며 존중해 줄 수 있습니다. 하지만 예의 없는 아이에게 "어른에게 이렇게 버릇없을 수 있다니. 담력이 대단한데? 나중에 일진 역할 배역을 맡으면 성공할 거야. 앞으로도 버릇없는 말투 기대할게."라고 존중해 줄 수는 없습니다.

또 어떤 선생님께서는 아이가 예의 바르게 행동하든 아니든 교권 침해가 아니라면 그것은 아이의 자유 아니냐고 생각하실 수도 있습니다. 이론은 이론이고, 현장은 현장입니다. 현장에서 일하는 교사에게는 감정이 있습니다. 교사도 사람입니다. 미묘하게 버릇없는 아이를 보면 미운 감정이 올라오는 게 당연합니다. 감정이 상한 상대에서 차분한 마음으로 아이를 훈육하기란 쉽지 않은 일입니다. 우리는 예수님이 아닙니다. 심지어 예수님께서도 하나님의 말씀을 왜곡하여 빈정대는 사람들에게 화 많이 내셨습니다.

교사와 아이들의 관계는 교육자와 학습자, 상담자와 내담자, 훈육자와 피훈육자, 적어도 세 개 이상입니다. 따라서 교육에 대한 고민은 아이들에게만 한정되어 이루어져서는 안 됩니다. 교사와 아이들의 관계에 초점을 맞춰야 합니다. 여기서 교사의 마음이 배제되면 현장에 적용할 수 있는 교육적 방안에 대한 논의가 어렵습니다. 상처 받지 않을 권리는 아이들뿐만 아니라 교사에게도 있어야 합니다.

교사가 아이들에게 적대감을 품고 있다면 정상적인 교육·상담·훈육은 불가능합니다. 그리고 아이들이 예의 바르게 행동할 수 있는 교육 시스템은 갖추어져 있지 않습니다. 따라서 교사와 아이 관계에 있어서 교사가 노력하듯이 아이들도 노력해야 합니다. 아이들이 할 수 있는 노력은 안전한 교실에서 교육받기 위해 최소한의 상하 관계 정립 과정을 견뎌내는 것입니다. 상하 관계는 현 교육 환경에서 교사가 아이들을 사랑할 수 있게끔 만드는, 아이들을 교육받을 수 있는 형태로 만드는 최선의 인간관계 기술입니다.

센 척하는 연습을 하자

아이들은 어떤 교사를 만만하다고 생각할까요? 만만이 교사의 키워드는 흥분, 위축, 불통, 적대감, 짜증, 분노, 신경질, 감정적, 일방적, 권위적, 말싸움, 수긍 불가, 비아냥, 아집, 지나친 잔소리, 사과하지 않음, 조바심, 낮은 자세, 무조건적인 따뜻함 등이 있습니다. 아이들은 마냥 웃으며 친절한 교사보다 자신이 더 우위에 있으며, 적대감을 내비치는 교사에게는 맞서 싸워야 한다고 생각합니다.

그렇다면 어떤 교사를 강하다고 생각할까요? 강한 교사의 키워드는 여유, 단호함, 싸늘함, 무표정, 소통, 공감, 자비, 격려, 이성적, 합리적, 사과 등이 있습니다. 꽤 복잡하죠? 사람과의 관계에서 '강하다'는 인식을 주는 것은 상황에 따라 말 한마디, 표정 하나, 행동 하나까지 신경써야할 만큼 쉽지 않은 일입니다.

그렇다면 아이들에게 강해 보일 수 있는 방법, 교사가 아이들보다 우위에 있음을 느끼게 하는 방법을 구체적으로 알아볼까요? 타고나기를 강하게 태어나지 않은 만만이 교사는 강한 사람을 따라 '센 척'할 것입니다.

'센 척'은 아이들에게 자연스럽게 상하 관계를 느끼게 할 수 있는 다양한 언어적·비언어적·준언어적 표현입니다. 본격적으로 센 척 훈련에 임하려면 거울과 민망함을 이길 수 있는 용기가 필요합니다. 나의 표정과 목소리에 소름이 돋을 때까지, 선생님 화이팅입니다.

💬 싸늘한 표정을 짓자

교사는 아이들을 훈육할 때 위압감을 주기 위해 흔히 무서운 표정을 지으려고 합니다. 눈을 부릅뜨며 아이들을 쏘아보거나, 표정을 찡그리며 최대한 선생님이 지금 화났다는 인상을 주려고 노력합니다.

위 표정을 마주한 아이들은 위압감보다는 적대감을 느낍니다. 교사의 표정을 보고 적대감을 느낀 아이들이 하는 생각은 다음과 같습니다.

아이 : '혼나지 않기 위해 거짓말과 변명을 해야겠다.'

아이 : '말싸움에서 승리하여 선생님을 민망하게 해야겠다.'

아이 : '나는 나름대로 억울한데 나만 미워하는 것 같아 짜증 난다.'

아이 : '매일 나만 혼내는 선생님께 복수해야겠다.'

아이 : '흥분한 선생님을 마주하니 별로 무섭지 않다. 내가 이길 수 있겠다.'

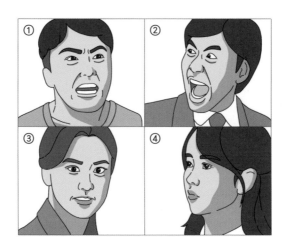

그렇다면 아이들에게 실제로 강해 보이는 사람은 누구일까요? 정답은 찔러도 피 한 방울 나오지 않을 것 같은 표정, 싸늘하고 여유로운 표정을 가진 ④번입니다.

올바른 표정 키워드

· 싸늘함

· 무표정

· 여유로움

· 눈이 반쯤 풀려있음

· 얼굴의 그 어떤 근육도 사용하지 않음

이 표정은 바람을 세 번이나 핀 연인에게 오만 정이 다 떨어져 상대할 가치조차 못 느끼지만, 연인의 집에 두고 온 가방 때문에 어쩔 수 없이 만났을 때, 그때 그 표정입니다. 혹은 전날 신나게 마신 술 때문에 숙취에 절여져 있는 상태에서, 출근길에 한 달 전에 산 휴대 전화의 깨진 액정을 발견했을 때, 그때 그 표정입니다.

눈을 부릅뜬 표정은 단호해 보이지만, 아이들 입장에서는 만만함을 느낄 가능성이 큽니다. 사람은 내면의 두려움을 숨기기 위해 눈을 부릅뜨고는 하니까요. 아이들은 교사의 이러한 두려움을 귀신같이 캐치합니다. 무시무시한 괴물을 마주한 상황을 가정해 보겠습니다.

눈을 부릅뜬 이 인물이 어떤 말을 할 것 같나요? "길고 짧은 건 대봐야 아는 법!", "널 쓰러뜨리고 지구의 평화를 지키겠어!" 정도로 말하고 치열하고 피 튀기는 공방전을 벌이다가 패배하거나, 마지막에 가까스로 겨우 승리할 것 같은 느낌입니다.

반면 이 인물은 어떤 말을 할 것 같나요? 괴물이 하는 말이 끝나기도 전에 깍둑썰기를 해 버리고 유유히 갈 길을 갈 것 같은 고수의 느낌이 듭니다. 괴물은 "어느 틈에?", "악!"하면서 쓰러질 것 같습니다.

술자리를 한 뒤 배우자가 늦은 시간까지 깨어서 기다리고 있는 집에 도착한 상황을 상상해 볼까요?

배우자가 이런 표정을 하고 있으면 "미안해."라고 말하고 '당분간 외출 금지겠구나.' 정도로 생각할 것 같습니다.

반면 배우자가 이런 표정을 하고 있으면 숨 쉬는 것도 잊어버리고 "죄송합니다."라고 말하며 바로 무릎을 꿇을 것 같습니다. 무릎뼈에 닿는 대리석 바닥의 차가움과 딱딱함은 염두에 없습니다. 왠지 오늘은 대리석보다 더 차갑고 딱딱한 곳에서 자야 할 것 같은 느낌이 듭니다. 배우자의 한 손에는 배우자의 것일지 내 것일지 모를 캐리어가 들려있을 것만 같습니다.

강한 사람은 쉽게 흥분하지 않습니다. 지금 나를 화나게 만드는 상황이 어처구니가 없고, 심지어 귀여워 보일 뿐입니다. 그래서 자연스럽게 씩 웃는 표정이 나오기도 합니다. 아이들은 교사의 싸늘하고 여유로운 표정을 보며 말로 형용할 수 없는 상하 관계를 느끼고 자신의 언행을 돌아보게 됩니다. 교사는 아이들에게 있는 그대로 분노를 표출하기보다 분노를 어떻게 표현하는 것이 가장 효과적일지 고민할 필요가 있습니다. 분노는 대체로 표출될 때보다 표출되기 직전에 더욱 큰 긴장감을 형성합니다.

교사가 잔뜩 화를 내서 아이들의 눈물을 쏙 빼놓고 나면 아이들이 말을 잘 듣게 되는 때도 있습니다. 운이 좋아서입니다. 교사가 아이들과의 신뢰 관계가 평소 두터웠다면 큰 부작용을 겪지 않았을 수도 있습니다. 하지만 이러한 형식으로 분노를 표현하는 걸 지향해서는 안 됩니다. 분노 표출로 인한 지도 실패 사례는 수도 없이 많습니다.

교사의 강한 카리스마가 커다란 덩치에서 나오는 거라고 생각하실 수도 있습니다. 물론 큰 덩치와 위압적인 외모가 아이들에게 강하다는 느낌을 줄 수 있습니다. 하지만 외모적인 재능을 가졌더라도, 만만이 키워드의 행동을 반복한다면 아이들은 교사에 불만을 품고 약점을 찾습니다. 무서웠던 외모도 매일 보면 익숙해지지요. 이내 아이들이 선생님이 자신을 체벌할 수 없다는 것을 깨닫게 되면 외모적인 재능은 힘을 쓰기 어렵습니다.

커다란 덩치로 학급 경영을 수월하게 해 오신 선생님이 계시다면, 외모의 덕도 있겠으나 그간 삶에서 얻어온 여유가 도움이 되었을 것입니다. 중고등학교와 군대 등에서 약육강식의 서열 싸움을 겪고 나면, 꼬마들이 걸어오는 도전은 귀엽게 보였을 가능성이 크지요.

만만이 교사가 주의해야 할 표정

| 성난 표정은 과한 위압감을 줌 | 비아냥거린다는 느낌을 줌 |

부릅뜬 눈이나 째려보는 눈은 만만해 보임

소리를 지르거나 한심해하는 표정은 적대감을 느끼게 함

만만이 교사가 지향해야 할 표정	

찔러도 피 한 방울 안 나올 표정	단호한 표정

싸늘한 표정	여유로운 표정
	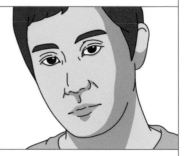
단호한 표정	단호한 표정

💬 **싸늘한 말투로 말하자**

훈육 시, 말투는 싸늘해야 합니다. 바람피운 연인이 제발 한번만 전화 받아달라고 사정해서 받았을 때의 말투를 상상해 보세요.

나 : 하고 싶은 말이 뭔데.

이때 "하고 싶은 말이 뭔데?"라고 끝을 올려 말하지 않습니다. 끝을 툭 던지며 말합니다. 문제 행동을 한 아이에 대해서 일말의 여지를 주지 않는 싸늘함을 말투로 표현하세요. 훈육은 유쾌한 과정이 아니며, 여기는 유치원이 아닙니다.

교사 : (상냥한 말투로) 민준아, 잠깐만, 나와봐. (✖)

교사 : (툭 던지는 말투로) 민준이, 나오세요. (○)

교사 : 우아, 잘못 인정하는 거 어려운데! 대단한걸? (✖)

교사 : 잘못 인정하는 건 멋있어. 앞으로도 그러면 혼날 일 없어. (○)

교사 : 아하, 민준이가 그래서 그랬구나!? 그래도 사과하고 싶어요? 우아, 이뻐라! 무지개 반짝! (✖)

교사 : 속상할 만했네. 네가 잘못한 점도 있어? (O)

싸늘한 말투는 큰 소리가 아니기 때문에 반드시 전체 정숙 상황에서 사용해야 합니다. 전체 정숙은 집중 구호나 다음에 언급할 침묵 스킬을 사용하여 만들 수 있습니다. 교사는 천천히 또박또박, 아이들 모두에게 들릴 만한 목소리로 말해야 하며, 이때 필요한 말만 짧고 간결하게 하는 것이 좋습니다. 교사의 말이 많아지면 긴장감이 풀리고 잔소리로 인식하게 됩니다. 교사의 발화는 최대한 아껴야 그 힘을 1년 내내 유지할 수 있습니다. 멘트가 떠오르지 않으면 침묵을 유지하는 것이 좋습니다.

창외 꿀팁

Q 아이들에게 존댓말 쓰기 VS. 반말 쓰기

A 둘 다 상관없습니다. 흔히 반말을 사용하면 아이들이 상하 관계를 더 느낄 수 있다고 생각하시지만, 이는 상하 관계의 본질과 관련이 없습니다. 반말을 쓰든 존댓말을 쓰든 끝을 툭 던지며 싸늘한 말투를 유지한다면 효과는 동일합니다. 할 말을 생각하다 보면 반말이 적절할 때가 있고, 존댓말이 적절할 때가 있습니다. 할 말에 따라 적절하게 선택하면 됩니다. 대체로 일대다 상황에서는 존댓말, 일대일 상황에서는 반말이 자연스럽습니다. 일대다 상황에서도 존댓말을 쓰다가 갑자기 반말을 쓸 때의 간극을 하나의 스킬로 사용할 수 있습니다.

💬 침묵 스킬을 사용하자

　강한 사람은 성급하게 발화하지 않습니다. 자신을 불편하게 한 상황에 대해 우선 침묵으로 불편함을 표현합니다. 침묵은 백 마디 말보다 더 강해 보이는 효과가 있습니다. 상대가 말하지 않아 무슨 생각을 하는지 알 수 없는 상황은 굉장히 혼란스럽고 긴장되니까요.

　소파에 누워서 배 긁고 있는데 배우자가 갑자기 방에서 나와 아무 말도 없이 싸늘하게 쳐다보면 당황스럽겠죠? 몰래 산 그래픽카드를 들킨 건지, 어젯밤 늦게 들어온 게 아직 화난 건지, 오늘이 음식물 쓰레기 버리는 날이었는지 머리를 이리저리 굴려 가며 내가 잘못한 점을 찾기 마련입니다.

　같은 맥락에서, 침묵이 주는 긴장감 속에서 아이는 자신의 어떤 언행이 교사를 불편하게 했는지 돌아보게 됩니다. 긴장감 속에서 자연스럽게 상하 관계를 느끼는 것입니다. 그리고 침묵 뒤에 올 말을 귀 기울여 듣게 됩니다. 싸늘한 표정이 동반된 침묵은 분노를 표현하는 방법 중 가장 큰 힘을 가진 방법입니다.

교사의 침묵은 집중 구호와 더불어 전체 정숙 상황을 만들 수 있는 최고의 방법입니다. 전체 정숙이라는 긴장감 있는 상황에서 차분하고 싸늘하게 뚫고 나오는 교사의 발화는 아이들에게 강한 인상을 줍니다. 침묵은 지적을 줄이고 발화의 힘을 키워줍니다. 대부분의 문제 행동은 싸늘하게 쳐다보는 것으로 제지하고, 교사가 말로 지적하는 것은 큰일이라는 인식을 심어줄 필요가 있습니다.

침묵 스킬 사용의 구체적인 예

- 수업이 시작했는데 아이들이 떠들고 있을 때 교탁 앞에 서서 무표정으로 가만히 있기
- 수업이 시작했는데 교과서를 펴지 않은 아이가 있을 때 교탁 앞에 서서 무표정으로 가만히 쳐다보기
- 수업 중 장난치는 아이가 보이면 수업을 멈추고 무표정으로 가만히 쳐다보기
- 영상 재생 중 떠드는 아이가 있다면 영상을 멈추고 아무 말도 하지 않은 채 정숙 상황 만들기
- 교사의 말에 끼어드는 아이가 있다면 말을 멈추고 무표정으로 가만히 쳐다보기
- 예의 없는 언행을 한 아이를 잠시 싸늘한 표정으로 쳐다보며 의아함 표현하기

- 급식 시간에 줄 서서 가는 도중 아이들이 떠들 때 가던 길을 멈추고 아이들을 싸늘한 표정으로 쳐다보기
- 말하는 도중 잠시 멈추고 한숨 한번 쉬고 이어 말하기

교사 : "선생님의 친절함을 이용하면 안 된다고 분명히……. (한숨) …… 말했어."

침묵 스킬은 상황에 따라 집중 구호와 적절히 혼용해야 합니다. 체육 시간에 아이들이 뛰놀고 있는 와중에 침묵 스킬을 사용하면 아무 효과가 없습니다. 미술 시간에 아이들이 과하게 떠들 때도 교사가 교탁 앞에 가서 가만히 정색하고 있다고 아이들이 긴장감을 느끼지는 않습니다. 침묵 스킬이 필요한 순간과 집중 구호가 필요한 순간을 구분해야 합니다.

💬 긴장감을 높이는 침묵 스킬

침묵을 통해 전체 정숙 상황을 만들고 아이들을 가만히 응시하는 것도 좋지만, 다양한 제스처로 화를 참고 있는 듯한 느낌을 주면 긴장감을 고조하기 더욱 좋습니다.

아이의 긴장감을 높이는 제스처

눈썹 만지기

눈곱 떼기

머리 넘기기

목 잡기

눈살 찌푸리기

심호흡하기

💬 소리 지르기는 효과가 없다

아이들은 소리를 지르는 교사의 목소리에 내성이 생깁니다. 소리를 자주 지르다 보면 어느 날부터는 교사가 언성을 높이지 않으면 "선생님 아직 화가 덜 났네. 저 정도 지시는 무시해도 돼."라고 여깁니다.

심지어 반항아는 교사가 흥분해서 소리 지르는 순간을 기다립니다. 앞서 말씀드렸듯이, 인정 욕구가 강한 아이는 '나는 화난 선생님께도 대들 수 있어. 친구들이 보기에 내가 멋있겠지?'라고 은연중에 생각합니다. 반항아는 화를 내는 어른에게 반항하며 큰 쾌감을 느낍니다. 게다가 '선생님이 먼저 소리 질렀으니까 나도 버릇없게 굴어도 돼.'라고 생각하며 자신의 행동에 당위성까지 부여합니다.

교사의 소리 지르는 모습에 익숙해진 아이들은 상하 관계를 느끼지 못합니다. 아이들은 교사의 화난 목소리에 일시적으로 놀랄 뿐, 교사의 강함을 느낀 게 아니기 때문에 문제 행동은 다시 반복됩니다. 소리 지르기의 효과는 짧으면 5분, 길어야 1시간입니다. 시간이 걸리더라도 싸늘한 침묵을 유지하고 차분히 훈육을 시작하는 것이 좋습니다. 근본적인 부분을 해결해야 합니다.

고함은 차가움이 아니라 날카로움입니다. 날카로움은 교사·아이 관계를 훼손합니다. 고함의 빈도가 잦아질수록 교사는 믿음직하고 강한 어른으로 보이기 어렵습니다.

아이의 예의 없음을 지적하자

아이들은 짝다리를 짚거나 "…인데요?"와 같은 예의 없는 말투를 쓰는 등 미묘하게 버릇없는 태도를 보이며 교사의 반응을 떠봅니다. 아이들의 작은 도전이지요. 이러한 작은 도전은 빠르게 차단해 교사의 선을 명확히 보여줄 필요가 있습니다. 작은 도전을 차단할 땐, 싸늘한 표정과 말투로 되묻기 스킬과 이유 묻기 스킬을 적절히 사용합니다.

되묻기 스킬은 아이의 버릇없는 태도를 언급하는 스킬로, 교사가 그 태도를 그냥 넘어가 줄 사람이 아님을 보여줍니다. 되묻기 스킬을 쓸 땐 눈에 힘을 반쯤 푼 싸늘한 표정에서 눈썹을 살짝 올려주어 불편함과 궁금함, 어이없음을 표현해 주는 것이 좋습니다.

이유 묻기 스킬은 아이의 말문을 막히게 하여 훈육의 주도권을 가져올 수 있게 합니다. 아이는 "친구들한테 세 보이고 싶어서요."라고 말하기 민망하기 때문입니다. 또한 발화 전에 침묵 스킬을 적절히 사용하면 긴장감을 높일 수 있습니다.

예의 지적의 구체적인 예

∘ 짝다리를 짚고 있을 때

교사 : ……지금 짝다리 짚은 거야? (되묻기 스킬)

교사 : 똑바로 서세요. (예의 지적 스킬)

∘ 뒷짐 지고 있을 때

교사 : ……지금 뒷짐 진 거야? (되묻기 스킬)

교사 : 차렷하세요. (예의 지적 스킬)

∘ 벽에 기대고 있을 때

교사 : …… 지금 기대고 있는 거야? (되묻기 스킬)

∘ 구시렁거릴 때

교사 : …… 지금 뭐라고 했어? (되묻기 스킬)

○ 수업 중 삐딱한 자세로 앉아있을 때

교사 : ……. (침묵 스킬)

교사 : ……. 바로 앉아. (예의 지적 스킬)

○ 주머니에 손을 넣고 있을 때

교사 : …… 지금 주머니에 손 꽂은 거야? (되묻기 스킬)

교사 : 선생님 앞에서 왜 주머니에 손을 꽂은 거야? ……추워? (이유 묻기 스킬)

교사 : 주머니 손 빼세요. (예의 지적 스킬)

○ 교사의 말을 끊을 때

교사 : …… 지금 말 끊은 건가? (되묻기 스킬)

교사 : …… 말을 끊은 이유가 뭐지? (이유 묻기 스킬)

○ "왜요?", "…인데요?" 등 버릇없는 말투를 쓸 때

교사 : …… 왜요? 말투 뭐지? (되묻기 스킬)

교사 : 왜 선생님한테 그런 예의 없는 말투를 쓴 거지? (이유 묻기 스킬)

○ 훈육 중 아이가 웃을 때

교사 : …… 지금 웃었어? (되묻기 스킬)

교사 : 왜 웃은 거야? (이유 묻기 스킬)

교사 : 지금 선생님이 장난치는 걸로 보여? (예의 지적 스킬)

∘ 수업 중 엎드려 있을 때

교사 : ……. (침묵 스킬)

교사 : …… 왜 엎드려 있어? (이유 묻기 스킬)

💬 긴장감을 주는 시선 활용 3단계

현장 검거를 위해 문제 행동이 일어나고 있는 장소로 교사가 직접 가는 경우도 있지만, 가능하다면 아이를 교사 자리로 불러 훈육하는 것이 좋습니다. 교사는 앉아있고 아이는 서 있는 상황입니다. 이때 교사의 시선 처리는 교사의 심리를 보여줍니다. 강해 보일 수 있는 절호의 기회입니다. 예의 지적을 할 때는 아이의 눈을 똑바로 보고 말하는 것이 좋지만, 그 외 상황에서는 시선을 적절히 활용하여 긴장감을 고조할 수 있습니다.

1단계 모니터 보기 스킬

　아이를 불러낸 후, 잠시 모니터를 보면서 바쁜 척하는 스킬입니다. 아이는 자신을 불러낸 선생님이 자신에게 관심을 주지 않으면 당황하게 되고 긴장하게 됩니다. 일종의 침묵 스킬인 셈입니다. 아이에게 '네가 한 행동에 나는 딱히 관심 없다.', '별로 화 안 났으니 사실대로 말하면 혼날 일 없다.'라는 인상을 주게 되어 변명을 조금 방지하는 효과도 있습니다. 약 10초에서 20초 정도가 적당합니다.

2단계 갑자기 쳐다보기 스킬

10초 정도 모니터 보기 스킬을 쓰다가 긴장하고 있는 아이에게 갑자기 고개를 돌려 쳐다보며 예의를 지적하는 스킬입니다. 긴장감 속에서 바쁜 선생님의 싸늘한 표정을 마주하면 아이는 말로 표현할 수 없는 상하 관계를 느끼게 됩니다. 바쁜 선생님의 관심이 모니터에서 자신에게로 옮겨왔기 때문입니다.

교사 : (휙) ······ 똑바로 서세요.

교사 : (휙) ······ 선생님 앞으로 오세요.

교사 : (휙) ······ 지금 주머니에 손 꽂은 거야?

예의를 지적한 후, 아이가 상하 관계를 느껴 자세를 바로 하면 모니터 보기 스킬을 10초 정도 더 사용하며 긴장감을 고조할 수 있습니다.

아이를 불러내고 모니터를 보면서 바쁜 척을 하고 있으면 몇몇 아이는 '왜요? 스킬'을 사용합니다. 이때 갑자기 쳐다보기 스킬을 사용하여 예의를 지적할 수 있습니다.

교사 : (횡) ····· 왜요? ····· 지금 '왜요?'라고 한 거야? 선생님한테 그런 말투를 써서는 안 된다고 말했는데.

3단계 의자 돌리기 스킬

갑자기 쳐다보기 스킬을 쓰고 예의를 지적한 후, 모니터 보기 스킬을 10초 정도 더 사용하다가 본격적으로 의자를 돌려 훈육을 하는 스킬입니다. 침묵의 긴장 속에서 교사의 관심이 온전히 아이에게 쏠리면 아이는 더욱 긴장하고 교사의 말을 더 경청하게 됩니다. 병원에서 진료 받을 때, 진료실 의자에 앉아 모니터를 보는 의사 선생님을 기다리다가 의사 선생님이 갑자기 의자를 돌려 나에게 다가오면 꽤 긴장되지 않나요? 비슷한 이유입니다.

교사 자리로 불러 훈육하면 좋은 점

1. 장소가 주는 긴장감이 있다

'선생님의 자리는 엄격한 훈육의 공간'이라는 인식을 주면 그 공간의 주인인 교사에게 아이는 자연스레 긴장감을 느끼게 됩니다.

2. 키를 감출 수 있다

덩치는 상하 관계에 있어 중요한 부분은 아니지만, 센 척에 익숙하지 않다면 나보다 키가 훨씬 큰 아이를 마주했을 때 심리적으로 위축이 되어 센 척이 잘 안 나올 수 있습니다. 그럴 땐 앉아서 훈육하는 것이 자신감을 키워나가기에 좋은 방법입니다.

3. 시선 활용 3단계 스킬을 사용할 수 있다

💬 이름을 부르자

발화하기 전, 아이의 이름을 부르며 긴장감을 유발하는 스킬입니다.
보통 침묵 스킬과 함께 사용합니다.

○ 아이가 말대꾸를 할 때

민준 : (수업 도중 서준이를 보고 장난을 친다.)

교사 : (민준이를 싸늘하게 쳐다보며 침묵하다가) ······무슨 일이지?

민준 : 서준이가 뭐 물어 봐서요.

교사 : ······민준아. (이름 부르기 스킬. 침묵은 긴장감을 줍니다. 그 긴장감 끝에 자신의 이름이 불리면 긴장감은 고조됩니다.)

민준 : 네······.

교사 : 웃고 떠든 것 같은데 선생님이 잘못 본 거야?

민준 : ······.

교사 : 서준아? (이름 부르기 스킬)

서준 : 네······.

교사 : 상황을 설명해 볼래?

○ 아이의 문제 행동을 지적하기 전

민준 : 선생님, 학습지 잃어버렸는데요.

교사 : (고개를 숙이고 화를 참는 척 침묵하며) ……..

민준 : …….

교사 : (고개를 숙인 채) ……**민준아.** (이름 부르기 스킬)

민준 : 네?

교사 : (싸늘하게 민준이를 쳐다보며) 학습지를 잃어버렸을 땐 그렇게 버릇없이 말하는 게 아니지?

민준 : …….

교사 : 뭐라고 말해야 하지?

민준 : …….

교사 : "선생님, 죄송한데 학습지를 잃어버렸습니다. 한 장 더 받을 수 있을까요?"라고 말하면, 선생님이 친절하게 한 장 더 주겠지?

민준 : 네…….

교사 : 선생님한텐 언제나 말투를 예의 바르게 말할 수 있도록 노력하세요.

민준 : 네…….

교사 : 민준이가 몰라서 그런 거야. 이렇게 배워나가면 됩니다.

💬 지시 불응 이유를 묻자

보통 지시가 힘을 잃는 이유는, 아이가 지시를 따르지 않음에도 교사가 지시를 반복하기 때문입니다. 대표적으로, "조용히 하세요."라는 말이 힘을 잃는 큰 이유입니다. 이미 조용히 하라고 지시했는데 아이들이 또 떠들 때는 다시 조용히 하라고 말할 필요가 없습니다. 이미 했던 지시이기 때문입니다.

아이들이 지시를 따르지 않을 때, 지시를 따르지 않는 이유를 물어보는 것이 지시의 힘을 키울 수 있는 한 가지 방법이 될 수 있습니다. 이를 '지시 불응 이유 묻기'라고 합니다. 아이들이 지시에 불응한 이유는 교사의 지시를 가볍게 여겼기 때문이고, 막상 그 이유를 물어 보면 아이들은 말문이 막히면서 긴장감이 유발됩니다. 이때 상하 관계가 정립되며 훈육의 주도권을 가져올 수 있습니다. 그리고 추후 아이들은 교사의 지시를 더 무겁게 받아들일 수 있습니다.

교사 : 자, 1교시엔 친구와 자유롭게 이야기 나누면서 그림을 그렸습니다. 2교시엔 친구와 대화하지 않고 조용히 집중해서 미술 작품을 완성하겠습니다.

아이들 : (얼마 지나지 않아 떠든다.)

교사 : 주목!

아이들 : 주목! 짝짝!

교사 : 선생님이 2교시엔 어떻게 하라고 말했는지 기억나는 사람? 그래, 서윤.

서윤 : 친구와 대화하지 않고 조용히 집중해서 그리라고 하셨습니다.

교사 : 맞아. 그런데 이를 지키지 않은 친구들이 많네요. 지키지 않은 사람 일어나

세요.

아이들 : (몇몇 일어난다.)

교사 : ······왜 안 지킵니까? (지시 불응 이유 묻기)

아이들 : ······.

교사 : 선생님이 친절하게 말하니까 안 지켜도 된다고 생각했니?

아이들 : ······.

교사 : ······민준아. (이름 부르기 스킬)

민준 : 네······.

교사 : 왜 안 지켰니?

민준 : ······.

교사 : 서준아.

서준 : 네······.

교사 : 서준이는 그 이유를 꼭 말해 줬으면 좋겠네.

서준 : ······.

교사 : 얘들아.

아이들 : ······.

교사 : 대답하세요. 얘들아.

아이들 : 네.

교사 : 선생님은 너희들 혼내기 싫어. 그러려면 너희가 선생님이 친절하게 말할

때 들어야 해. 알겠어?

아이들 : 네.

교사 : 앉아서 작품에 집중하세요.

 수업 시간에는 무표정을 유지하자

밝게 웃으며 아이들과 즐겁게 수업하는 것은 모든 교사의 꿈입니다. 웃음이 가득한 교실에서 적극적으로 발표를 하며 배우는 천사 같은 아이들, 얼마나 아름다운 광경인가요. 하지만 반에는 천사 같은 아이들만 있진 않습니다. 아이들 지도에 어려움을 겪는다면, 평소의 표정은 웃는 표정보단 무표정을 유지하는 것이 좋습니다.

환하게 웃으며 진행되는 수업을 가볍게 여기는 아이들이 있기 때문입니다. 기분이 좋아진 아이들은 친구들을 웃기기 위해 엉뚱한 소리를 하고, 자기들끼리 떠들기도 합니다. 반면, 차분한 무표정으로 수업을 진행하면 아이들에게 수업의 무게감을 느끼게 할 수 있습니다.

또, 밝게 웃다가 훈육이 필요한 순간에 정색하는 것은 교사 입장에서 꽤 어색하기 때문입니다. 훈육이 끝나고 금방 밝게 웃을 수 있다면 좋겠지만 교사는 이미 감정이 상한 상태이기 때문에 미소를 띠기 어렵습니다. 아이들은 평소에 늘 웃는 교사가 무표정으로 수업을 진행하면 괜히 마음이 불편합니다. 따라서 교사의 평소 표정 자체를 무표정으로 가져가는 것이 좋습니다.

수업 시간에 웃지 말라는 이야기가 아닙니다. 아이들이 재미있는 말을 하면 밝게 웃어도 괜찮습니다. 다만, 수업 시간의 기본적인 스탠스는 무표정으로 가져가는 것이 좋습니다. 그래서 아이가 '우리 선생님은 늘 웃으시는구나.'라고 생각하는 게 아니라, '우리 선생님은 잘 웃으시는구나.'라고 생각하게끔 하는 것이 좋습니다. 수업을 반드시 무뚝뚝하고 딱딱하게 하라는 뜻은 아닙니다. 무표정이어도 말은 어느 정도 밝은 톤을 유지할 수 있습니다.

수업을 진행하는 교사 개성의 영역에 참견하는 것이 아닙니다. 상하 관계와 규칙이 철저하게 정립이 된 반이라면 교사가 미소 지으며 수업을 진행해도 별 무리가 없습니다. 하지만 상하 관계와 규칙이 정립되기 전이거나, 수업 분위기가 자주 흐려진다면 수업을 진행하는 교사의 표정과 말투에 대해 고민해 볼 필요가 있습니다.

💬 센 척이 통하지 않을 때도 있다

센 척을 열심히 했음에도 불구하고, 아이가 여전히 교사와의 상하 관계를 느끼지 못할 수도 있습니다.

첫 번째 이유는, 센 척의 완성도가 낮기 때문일 수 있습니다. 태어나서 단 한 번도 타인에게 카리스마를 뽐내보지 못한 사람에게 센 척은 어울리지 않는 옷입니다. 그러니 아이들이 선생님의 센 척을 어색하게 느낄 수 있습니다. 말투에서 나도 모르게 만만함이 묻어나왔을지도 모르고, 침묵 시간이 다소 부족하거나 지나치게 길었을 수도 있습니다. 센 척 스킬을 모두 자연스럽게 숙지하고 적재적소에 판단하여 사용하려면 적어도 1년 이상은 걸립니다.

두 번째 이유는, 상식 밖의 아이를 만났기 때문입니다. 이 경우 무슨 짓을 해도 상하 관계가 잡히지 않아 당황스러움과 민망함이 밀려올 수 있습니다. 하지만 센 척이 통하지 않는다고 그 아이에게 강한 교사되기를 포기하고 만만이 교사로 대해서는 안 됩니다. 싸늘한 표정과 말투가 통하지 않을 때 소리를 지른다고 문제가 해결되지는 않으니까요. 교사는 교실의 평화라는 최종적인 목적을 늘 생각해야 합니다. 수업 중 엎드려 있는 아이에게 예의를 지적했는데 과한 반항 액션이 있다면 지적을 잠시 미뤄두는 것도 하나의 방법입니다. 앞으로 나오라고 했는데 나오지 않는다면 아이의 반항심이 낮아져 있을 때 이야기를 나

뉘보는 것이 좋습니다. 똑바로 서라고 했는데 계속 삐딱한 자세를 유지한다면 대화가 필요한 순간입니다.

결국, 상하 관계가 잡히지 않을 때 더욱 필요한 것은 신뢰입니다. 지도 과정에서 알게 모르게 낮아진 신뢰 관계를 회복하기 위한 대화가 필요합니다. 이런 상황에서는 다음 장에서 소개해 드리는 방법을 사용해 보면서 교사에 대한 적대감을 서서히 낮춰주면 지도의 여지가 생깁니다. 이때도 여유로운 태도는 유지해야 합니다.

다양한 선생님들과 상담하다 보면 제가 지금까지 소개해드린 방법을 이미 모두 시도하신 경우도 있습니다. 신뢰 관계 형성은 헬스장에 가서 근육을 키우는 것과 비슷합니다. 한두 번 운동해서는 티가 나지 않지만 꾸준히 하다 보면 눈에 띄는 변화가 생길 수 있습니다. 하지만 지속해서 시도했음에도 전혀 나아지지 않는 경우도 있을 수 있습니다. 이 순간부터는 교사가 대화로 해결할 수 있는 영역이 아닙니다. 담임 교사는 해당 아이와 잠시 만나는 존재일 뿐 아이에게 가장 큰 영향을 미치는 것은 결국 가정입니다. 가정에서 해결하지 못하는 문제를 교사가 해결하기는 어렵습니다.

이 방법들을 사용할지 말지는 교사의 선택입니다. 교사 지도 불응은 교칙으로 징계를 할 수 있는 사항입니다. 가장 중요한 것은 교사의 마음 건강입니다. 부디 선생님께서 다치지 않고 교직 생활을 이어 나가시길 소망합니다.

상하 관계가 잡히지 않을 때

1. '난 네 편', '우리는 한 팀', '선생님은 널 미워하지 않는다.'라는 표현하기

2. 교사에게 적대감이 쌓인 이유 물어보기

3. 용인할 수 없는 부분은 단호하게 거절하고, 작은 것부터 타협하기

   교사 : "매일 피구를 하겠다는 말은 들어줄 수 없어. 다만 수업 시간에 엎드
   려 있는 것을 잠시 눈 감아 줄 테니 예의 있게 행동해."

PART 3

교사와 학생의
신뢰 관계

• • • • • • • •

아이를 교사의 편으로 만드는 기술

아이와 신뢰 관계를 쌓자

 나 그렇게 꽉 막힌 사람 아니다

상하 관계만으로는 건강한 권위를 세우기 힘듭니다. 선생님은 나와 말이 통하는 사람이라는 인식을 줘야 합니다. 이때 필요한 것이 교사와 아이의 신뢰 관계입니다. 신뢰 관계는 아이가 교사를 믿음직한 어른으로서 말이 통하는 사람이라고 느끼는 관계입니다. '단호하고 친절한' 교사에서 친절함을, '부드러운 카리스마'에서 부드러움을 맡고 있는 부분입니다. "내가 하지 말라고 몇 번 말했어?"라는 호통만으로는 문제 행동의 재발을 막기 어렵습니다. 심지어 반항아의 경우는 지금까지 많은 어른에게 부정적인 피드백을 셀 수 없이 받아왔기에 교사의 훈육은 익숙한 말일 수 있습니다. 익숙하고 뻔한 말에 힘을 싣는 것은 강한 사람이 건네는 의외의 친절입니다.

아이를 내 편으로 만든 후, 도덕성의 함양을 꾀하라는 말이 아닙니다. 교사가 "친구 때리지 마! 질서를 어지럽히는 행동이야!"라고 말해도 아이들은 '아, 내가 정말 큰 잘못을 했구나, 치열하게 반성해야겠다.'라고 절대 생각하지 않습니다. 교사가 1년 동안 아이의 변화를 끌어내기는 굉장히 어려운 일입니다. 아이를 둘러싼 모든 어른이 치열한 노력을 해야 얻을 수 있는 결과입니다. 우리의 목적은 아이를 사랑으로 변화시키는 것이 아니라 교실의 평화입니다. 반항아들이 교실을 어지럽히고 다른 친구들에게 피해 끼치는 것을 최대한 막아야 합니다. 아이를 변화시킬 수 없다면 내 편으로 만드는 것 자체에 초점을 두는 것이 좋습니다.

💬 잘 알지도 못하면서 왜 그래요?

문제 행동의 계기를 물어보면 아이들은 대체로 아래와 같이 답합니다.

> 아이 : 쟤가 먼저 욕했어요.
> 아이 : 쟤가 먼저 피구 이겼다고 막 세레모니 했어요.
> 아이 : 쟤가 먼저 사 준다 해놓고 말 바꿔서 만 원 갚으래요.

교사가 보기에 여간 유치한 일이 아닙니다. 이 상황을 무마시킬 수 있다면 그냥 만 원 한 장 쥐여 주고 보내고 싶습니다. 세레모니를 굳이 꼭 해야 하나 싶고, 꼭 약 올라야 하나 싶기도 합니다. 하지만 결론은 대부분의 문제 행동이 나름의 이유가 있다는 것입니다. 아이의 속마음을 들어 주는 과정 없이 잘못된 상하 관계로만 훈육하면 아이 나름의 억울한 마음에 말대꾸와 변명이 더욱 길어지게 됩니다.

> 교사 : 세레모니 한다고 친구를 때려?! 선생님이랑 세레모니 하면 선생님도 때리겠어?!
>
> 아이 : 국가대표는 다 세레모니 하던데요?
>
> 교사 : 네가 국가대표야?!
>
>
> 교사 : 네가 마라탕 사준다고 했다며! 왜 이제 와서 갚으란 거야?!
>
> 아이 : 그땐 친했는데 지금은 아니니까요!
>
> 교사 : 각서 쓴 거 아니면 못 받는 거야!
>
> 아이 : 아니 자꾸 저 뒷담화하고….
>
> 교사 : 논점 흐리지 마!

잘못된 행동을 했음에도 이런저런 남 탓을 늘어놓는 아이를 보면 교사는 또 화가 나게 됩니다. 아이들 간의 갈등이 교사와 아이의 갈등으로 바뀌게 됩니다. 아무리 인격을 닦는다고 하더라도 이러한 상황은 상하 관계와 별개로 교사를 지치게 만듭니다. 한번 보고 말 사이라면 혼쭐을 내 주고 끝낼 수 있겠지만 교사는 이 아이를 1년 동안 만나야 합니다. 혼나는 것도 하루이틀이고, 결국 아이 마음속의 반항심은 말대꾸로 은은하게 새어 나오다가 결국 폭발하게 됩니다.

> **아이 : 저 아닌데요? 왜 알지도 못하면서 그래요?**
>
> **아이 : 저 의심했으니까 사과하세요.**

교사에 대한 불만이 쌓여 촉발된 반항은 상하 관계로 대처하기 어렵습니다. '아니, 내가 틀린 말 하는 것도 아니고, 네가 잘못했으니까 혼내는 건데 뭐가 불만이니?'라고 생각할 수 있지만, 인간관계라는 게 참 의도대로 되지 않습니다. 따라서 교사와 아이의 갈등을 방지하고 아이의 반항을 예방하기 위해서는 서로 간의 신뢰가 필요합니다.

💬 지긋지긋해, 정말!

문제 행동을 반복하는 아이들은 교사의 훈육 상황을 자주 마주합니다. 선생님이 더는 내 말을 들어 주지 않는다고 여기는 순간부터, 아이는 반복되는 훈육 상황에 권태와 피로를 느낍니다. 그리고 교사가 원하는 대답을 적당히 해 주면 이 피로한 상황이 빨리 끝난다는 것을 배웁니다. 그래서 건성으로 대답합니다.

교사 : 한번만 더 욕해 봐, 그땐 혼날 줄 알아!

아이 : 네, 네, 죄송합니다! 가도 돼요?

교사 : 어딜 가! 친구한테도 사과해야지!

아이 : '아, 빨리 축구해야 되는데⋯.' 미안.

교사 : 지금 그게 사과하는 태도야?!

아이 : (장난스러운 말투로) 정말 미안해.

훈육 상황에 임하는 아이의 삐딱한 태도를 눈치챈 교사는 반성하지 않는다고 느껴 과하게 다그치게 됩니다. 이는 아이가 자신의 마음을 알아 주지 않는 교사에게 등을 돌리는 계기가 됩니다. 상하 관계가 철저하더라도 훈육이 아예 통하지 않는 상황이 올 수 있습니다. 문제 행동에 대한 반성과 예방이라는 훈육의 본질이 흐려집니다. 따라서 지긋지긋한 훈육의 피로도를 낮추기 위해서 신뢰 관계를 쌓아갈 필요가 있습니다.

솔직하게 말해도 돼

교사 : 왜 욕했어.

아이 : 쟤가 먼저 욕했어요.

교사 : 그럼 너도 욕해도 돼?

아이 : 아니, 그럼 가만히 당하고만 있어요?

아이는 훈육 상황에서 결백한 자신에게 화를 내는 교사에게 민망함을 주고 승리하고자 변명이나 거짓말을 합니다. 거짓말과 변명은 아이가 스스로를 지키기 위해 꺼내 드는 방어 기제입니다.

교사·아이의 신뢰 관계가 어느 정도 탄탄해지면, 아이는 스스로 방패를 내려놓곤 합니다. 선생님은 나에게 적대감을 갖고 혼내는 것이 아니기 때문에 거짓말을 할 필요가 없다고 생각합니다. 선생님은 내 변명을 들어 주고 내 마음에 공감해 주는 사람이니 선생님을 공격하거나 민망하게 할 필요도 없어집니다. 싸움 자체가 성립하지 않으면 승패에 대한 집착도 없어집니다.

교사 : 선생님은 언제나 네 편인 거 알지? 네가 아무 이유도 없이 그러진 않았을 거야. 너도 속상한 부분이 있었을 거야. 네가 속상한 부분이 있다면 사과 받으면 되고, 만약 네가 잘못한 부분이 있다면 사과하면 되는 거야.

학기 초 가시가 잔뜩 박힌 방패를 꺼내든 아이가 서서히 교사 앞에서 방패를 내려놓는 장면은 꽤 감동적입니다. 아이가 방패를 내려놓으면 훈육을 빠르게 마무리 지을 수 있습니다. 우리의 소중한 시간을 위해서라도 신뢰 관계는 꼭 필요합니다.

💬 교사는 아이의 친구가 아니다

아이 : 선생님이 죽었으면 좋겠어요.

아이 : 선생님이 출근길에 사고 난 줄 알고 좋았는데.

아이 : 선생님이 너무 싫어요.

아이 : 선생님은 왜 나한테만 그래요?

제가 교사 생활을 하며 각기 다른 아이들에게 들은 말들입니다. 상하 관계를 철저히 정립했음에도, 아이를 내 편으로 만들기 위해 부단한 노력을 했음에도 왜 아이는 스스로도 아프게 내뱉을 수밖에 없는 말을 해야만 했을까요? 아이와 친해지기 위해 함께 휴대 전화 게임을 하고, 공놀이를 하고, 좋아하는 게임 아이템을 사라고 문화상품권을 쥐어줬음에도 아이를 내 편으로 만드는 것은 실패했습니다. 대체 무엇이 저와 아이 사이를 병들게 한 것일까요? 답은 제가 아이의 어른이 아닌, 친구가 되었기 때문이었습니다.

아이의 변화를 위해서는 먼저 신뢰 관계를 쌓아야 한다는 선배들의 조언을 참 오랫동안 오해했습니다. 신뢰 관계를 형성하는 것은 아이의 친한 친구가 되는 것과는 거리가 멉니다. 친절한 교사는 친구 같은 교사가 아닙니다. 아이에게 교사 친구는 필요하지 않습니다. 친구는 또래 친구들로 충분합니다. 아이가 교사를 친구처럼 친근하게 생각하면, 또래 친구들에게 느끼는 감정을 교사에게 느끼게 됩니다. 서운함, 억울함, 분노, 짜증 등을 교사에게 어리숙한 방법으로 표출합니다. 교사는 당황하게 되고 즉시 상하 관계를 잡고 훈육하려 하나, 방금까지 친하게 깔깔대며 웃던 덩치 큰 친구의 훈육은 힘이 없습니다. '친구 같은 선생님이 될 거야.'라는 학창 시절 꿈은, 알아서 선을 잘 지키는 몇몇 아이들을 제외하고는 이루기 어려운 환상입니다.

아이가 믿고 의지할 수 있는, 자신의 속상한 마음을 솔직히 말할 수 있는 '어른'으로서 다가가야 합니다. 자기도 말하기 민망한 문제 행동의 계기들을 덤덤히 들어주고, "그래서 그런 행동을 했구나. 속상할 만 했네."라고 고개를 끄덕여 주는, 심지어 자기가 준비한 구차한 변명을 말하기도 전에 "친구가 필통 만져서 속상해서 너도 모르게 소리지른 거지?"라고 먼저 마음을 읽어 주는 어른을 마주하면 아이는 마음이 말랑해지고 눈물을 흘리기도 합니다. 그제야 아이는 "그래도 그런 행동은 교실에서 절대 하면 안 된다."라는 훈육을 피로감 없이 들을 수 있습니다. 물론 문제 행동이 반복되는 아이에게 진실로 공감하는 것은 어렵습니다. 진심이 아니어도 됩니다. 아이를 다루기 위한 전략으로만 받아들이시길 바랍니다. 교사와 아이가 신뢰를 쌓는 대화는 성숙한 어른의 전략적인 공감으로 이루어질 수 있습니다. 이러한 대화는 건강한 '상담'이 됩니다. 아이가 함께 놀 친구가 없어 소외되는 상황일지라도, 교사는 친구가 아닌 어른으로서 함께 보드게임을 해 줄 수 있습니다.

아이들과 어떻게 친해지면 좋을지 고민하는 선생님들이 많이 계십니다. 친해지지 않으셔도 됩니다. 농담을 건네며 분위기를 풀고 마음을 얻으려 애쓰지 않으셔도 됩니다. 아이의 실없는 농담에 환하게 웃어 주는 정도로 충분합니다. 아이와의 신뢰 관계를 형성하는 것은 방과 후에 먹는 떡볶이와 컵라면이 아닌 말도 안 되는 변명에 고개를 끄덕일 수 있는 공감과 그 공감을 기어코 해내는 인내심입니다.

아이의 마음을 어루만져 주자

　　문제 행동은 반드시 반복됩니다. 적게는 수십 번, 많게는 수백 번 반복됩니다. 1년 내내 사용할 수 있는 기술, 아이가 지도에 권태를 느끼지 않는 기술이 필요합니다. 무턱대고 소리만 지르다가 우는 아이를 보며 승리감에 사로잡혀서는 안 됩니다. 올바른 상하 관계를 위해서라도 지양해야 할 방법이지만, 교사와 아이 간의 신뢰 관계가 무너지는 과정입니다. 이후 아이는 혼나지 않기 위해 거짓말을 습관처럼 하게 되며 문제 해결은 더욱 어려워집니다.

　　강한 사람은 여유롭습니다. 문제 상황에 흥분하지 않고 여유롭게 아이의 상태와 감정을 확인합니다. 그리고 전략적으로 아이가 원하는 말을 건넨 뒤, 아이를 자신의 편으로 만듭니다. 자신의 편으로 만드는 것은 신뢰 관계를 형성하는 것입니다. 신뢰 관계란 아이가 교사를 믿음직한 어른으로서 생각하는 관계입니다. 아이가 원하는 말을 건네는 과정, 즉 신뢰 관계 형성을 위한 과정을 '마음 어루만지기'라고 합니다.

마음 어루만지기는 어른의 세계에서도 유효합니다. 교무부장님께 제출해야 할 서류를 날짜까지 잘 메모해 뒀음에도 잊어버릴 때가 있습니다. 그때 교무부장님이 "요즘 업무 때문에 정신없으시죠? 혹시 잊어버리셨을까 봐 다시 메시지드립니다."라고 말씀하신다면 그 누구도 '맞아! 내가 요즘 바빠서 당연히 잊어버릴 수도 있는 거지!'라고 생각하지 않습니다. 교무부장님의 인간적인 격려(마음 어루만지기)에 민망함과 감사함, 죄송함을 느끼고 더욱 책임감을 느끼는 것이 일반적입니다.

마음 어루만지기를 할 때 과하게 다정할 필요는 없습니다. 아무리 아이의 속마음을 읽어 주는 단계라고 할지라도 훈육은 훈육입니다. 상하 관계를 정립할 때만큼은 아닐지라도 여유롭고 싸늘한 말투를 유지하는 게 좋습니다. 너무 과하게 감싸고 돌면 아이들은 훈육 상황을 가볍게 받아들입니다. 그 결과, 마음을 읽어 줬음에도 교사와 아이의 관계는 악순환이 시작됩니다. '난 너의 마음을 이해하는 어른이다. 나는 널 미워하지 않는다.' 정도의 메시지만 주면 될 뿐 유치원생을 대하듯 과하게 공감하는 말투는 지양해야 합니다. 훈육은 유쾌한 과정이 아닙니다.

교사 : (지나치게 다정한 말투로) 혹시! 우리 민준이가 서준이랑 무슨 일 있었어요? (✖)

교사 : 아이고! 그랬구나! 얼마나 속상했을까?! (✖)

교사 : 그럼 앞으로 혹시 어떻게 할 거야? (✖)

교사 : 아이고! 사과할 거야? 어쩜 좋아! 어쩜 이렇게 어른스러울까? (✖)

창외 꿀팁

Q 문제 행동을 반복하는 아이가 민망함과 감사함을 느낄까요? 강하게 경고할 필요가 있지 않나요?

A 문제 행동에 대해서는 단호하게 규칙을 전달할 필요가 있습니다. 하지만 마음 어루만지기 없이 훈육만 반복된다면 신뢰 관계가 무너져 지속적인 훈육이 불가능해집니다.

아이의 마음을 어루만지는 방법

신뢰 관계를 해치는 말은 날카로운 말입니다. 날카로운 말은 흥분, 고함, 불통, 적대감, 짜증, 분노, 신경질, 감정적, 일방적, 권위적, 비아냥, 아집, 지나친 잔소리 등이 들어간 말입니다. 날카로운 말은 아이의 문제 행동을 감소시키는 데 효과가 없습니다. 날카로운 말이 튀어나오려고 할 때, 심호흡을 하고 대체할 수 있는 말을 써 봅시다.

신뢰 관계 형성을 위한 마음 어루만지기는 크게 '무슨 일이 있었어? 스킬', '공감 스킬', '칭찬 스킬', '사랑 스킬'로 나뉩니다. 진심일 필요가 없기에 스킬이라는 말을 붙입니다.

무슨 일이 있었어?

> 준서 : 선생님, 체육 시간에 민준이가 서윤이한테 욕했어요.
>
> 교사 : 뭐? 민준이 이리로 와 봐. 너 서윤이한테 욕했어?
>
> 민준 : 아니, 쟤가 자꾸…….
>
> 교사 : 했어, 안 했어. 그것만 딱 말해. 변명하지 말고.

아이들에게는 대체로 문제 행동을 하게 된 그들만의 복잡한 스토리가 있습니다. 이때 교사가 문제 행동에만 집중하면 아이는 자기가 문제 행동을 한 이유를 교사에게 납득시키려고 억울한 표정으로 변명을 늘어놓습니다. 그 상황을 아예 모면하기 위해 시치미를 떼기도 하고 자신을 혼낼 준비를 한 교사를 민망하게 만들려고 거짓말도 시전합니다.

이를 방지하기 위해서는 짜증과 의심을 내려놓고 차분히 상황을 물어 보는 것으로 시작해야 합니다. 문제 행동을 한 아이에게 첫마디로 '무슨 일이 있었어? 스킬'을 사용할 수 있습니다.

> 교사 : 민준아, 체육 시간에 무슨 일 있었어? (무슨 일이 있었어? 스킬)
>
> 민준 : 아……. 서윤이랑 좀 싸웠어요.
>
> 교사 : 왜? 서윤이가 너한테 뭐 실수했어?

민준 : 제가 패스하라고 하니까 저랑 같은 팀 하기 싫다고 해서…….

교사 : 그래? 그래서 너도 화났구나. 그다음에 네가 어떻게 했는데?

민준 : 욕했어요…….

적대감을 내려놓고 차분히 상황을 먼저 들어 주는 것만으로 아이는 교사에 대해 신뢰를 느낍니다. 무작정 날 혼내는 사람이 아니라고 느끼면 방패를 내려놓고 자신의 잘못에 대해서 쉽게 인정하기도 합니다. 시간이 오래 걸리는 방법 같지만 신뢰 관계를 쌓아가며 서서히 아이가 방패를 내려놓으면 변명과 거짓말을 방지하여 앞으로의 지도가 더욱 간결해집니다. '무슨 일이 있었어? 스킬'은 마음 어루만지기의 시작입니다.

너에게 공감해

공감 스킬은 아이가 문제 행동을 하게 된 나름의 이유와 감정에 공감해 주는 것입니다. 아이가 변명하기 전에 먼저 문제 행동을 한 이유와 감정을 짐작하여 말해 주면 더욱 효과가 큽니다. 아이는 자신이 한 문제 행동의 이유를 정확히 말하기 어려워합니다. 상하 관계 정립 시에는 이유를 물어 보는 것을 반항아를 당황하게 하는 기술로 사용할 수 있습니다. 하지만 상하 관계 정립이 되어 있고 목적이 마음 어루만지기라면 그 이유를 먼저 짐작해 주어 '내 마음을 이토록 잘 알아 주는 어른이 있구나.'라는 생각을 끌어낼 수 있습니다.

> 교사 : 네가 아무 이유 없이 그런 행동을 했다고 생각하지 않아. 민준이가 서운하게 한 일이 있었어? (아이의 입장 듣기) 기분 나쁠만 했네. (감정 공감) 그래서 그런 행동을 한 거구나. 그래도 그게 잘못된 행동인 건 알지? (아이의 대답 듣기) 그럼 어떻게 행동해야 됐을까?
>
> 교사 : 민준이가 널 치고 갔는데 사과도 한마디 안 해서 기분이 나빴던 거지? (문제 행동을 한 이유를 짐작하여 말해 줌) 기분 나쁠만 했네. 민준이가 바로 사과를 했다면 너도 똑같이 그러진 않았을텐데. (빠져나갈 구멍 만들어 주기) 그러면 그 상황에서 어떻게 행동하는 게 더 나았을까?

공감 스킬의 구체적인 예

∘ 복도에서 뛰어다니는 아이

교사 : 복도가 너희 놀이터야?! 한번만 더 뛰어 봐, 응?! (✖)

교사 : 친구들이랑 신나게 놀고 싶은데 답답하지? (공감 스킬)

아이 : 네.

교사 : 그래도 복도는 절대 뛰면 안 되는 공간이야. 운동장을 이용하세요. (○)

◦ 쉬는 시간에 과하게 떠드는 아이

교사 : 목소리 안 낮춰?! 교실에서 뭐 하는 거야?! (✖)

교사 : 친구들이랑 사이좋게 노는 건 좋아. (공감 스킬) 그런데 다른 친구들에게 피해가 된다. 목소리 낮춰. (O)

◦ 친구에게 계속 장난치는 아이

교사 : 네가 자꾸 그러니까 친구들이 싫어하는 거 아니야! (✖)

교사 : 친구가 좋아서 계속 장난치고 싶지? (공감 스킬) 하지만 친구의 표정을 잘 읽어야 해. 친구가 어떤 표정을 지었어?

아이 : 싫어하는 것 같았어요.

교사 : 그럼 멈춰야 해. 네 마음은 이해하지만 (공감 스킬) 폭력이 될 수 있어. 조심해야 해. (O)

◦ 욕이 잦은 아이

교사 : 욕하면 다 해결돼?! 욕하면 애들이 널 무서워할 것 같아?! (✖)

교사 : 네가 왜 욕을 했을까? 속상한 일이 있었어? (공감 스킬) 요즘 욕하는 횟수가 준 것 같아서 되게 기특하게 생각하고 있었다? (칭찬 스킬) 욕하면 안 되는 거 알지? 학교 폭력이 될 수 있어. 다음에도 또 실수할 수 있어. (공감 스킬) 그때마다 선생님이 계속 알려 줄게. 솔직하게 인정만 하면 돼. (O)

○ 옆 반과 비교하는 아이

교사 : 옆 반이 좋으면 옆 반 가. 나도 너 안 보고 좋지. (✖)

교사 : 선생님은 너랑 같이 가고 싶은데. (사랑 스킬) 선생님한테 상처 주려고 그

런 거 아니잖아. (공감 스킬) 그런데 그런 말은 상처 주는 예의 없는 말이야. 그런

말은 해선 안 돼. (O)

 빠져나갈 구멍을 만들어 주자

문제 행동을 한 아이는 교사 앞에 섰을 때 꽤 억울하고 민망한 감
정이 듭니다. 그래서 자신이 문제 행동을 할 수밖에 없었던 이유에 대
해 변명을 하거나 거짓말을 합니다. 이때, 교사가 '너에게 그럴 의도가
없었을 것'이라 말하며 아이의 잘못을 실수로 바라봐 준다면, 아이는
변명과 거짓말을 그만두고 훈육에 진지하게 임하게 됩니다.

신뢰 관계를 지키는 훈육은 '문제 행동을 한 아이에 대한 공격'이
아니라 '문제 행동에 대한 규칙 전달'에 목표를 두어야 합니다. '욕을
한 아이'에 대해서 잘못을 추궁하는 것이 아니라, '욕' 그 자체에 대해
서만 규칙을 전달하는 것입니다. 공감 스킬 중 하나인 '빠져나갈 구멍
만들어 주기'는 신뢰 관계 형성에 중요한 역할을 합니다.

빠져나갈 구멍 만들어 주기는 상황에 맞게 적절히 사용합니다. 너

무 억지스러운 감싸기는 지양합니다.

교사 : 욕을 왜 해. 네가 깡패야? 선생님한테도 한번 해 봐. 아주 약한 애한
테만 강하고. 그거 되게 비겁한 거야. (문제 행동을 한 아이에 대한 공격) (✖)
교사 : 누굴 상처주려고 한 의도가 없다는 건 알아. 그런데 욕은 절대 사용하면 안
돼. 다른 사람 귀에 대고 소리를 지르는 것과 같거든. (문제 행동을 한 아이에게
빠져나갈 구멍 만들어 주기) (O)

교사 : 민준이가 밀쳤다고 너도 똑같이 해도 되니? 너도 그냥 똑같은 사람 된 거
야! 일단 참고 사과하라고 했어야지! (문제 행동을 한 아이에 대한 공격) (✖)
교사 : 민준이가 일부러 널 밀쳤다고 오해했구나. 실수인 걸 알았으면 너도 똑같
이 그러진 않았을텐데. (문제 행동을 한 아이에게 빠져나갈 구멍 만들어 주기)
(O)

교사 : 아까 설명했는데 제대로 안 들었네. 수업에 집중 안 하고 계속 화장실이
나 들락날락하니까 그렇지. (문제 행동을 한 아이에 대한 공격) (✖)
교사 : 아까 화장실 가서 그 부분을 못 들었나 보다. 선생님이 다시 설명해 줄게.
(문제 행동을 한 아이에게 빠져나갈 구멍 만들어 주기) (O)

교사 : 수업 시간에 떠들 거면 학교를 왜 오니? 홈스쿨링을 하던가. 왜 굳이 학교를

와서 선생님 속을 긁어놓냐고. (문제 행동을 한 아이에 대한 공격) (✗)

교사 : 수업을 방해할 의도가 없었다는 건 알아. 하지만 네 행동으로 인해 수업이 멈췄어. (문제 행동을 한 아이에게 빠져나갈 구멍 만들어 주기) (◯)

교사 : 네가 친구를 때릴 의도가 없었던 건 알아. 그냥 친구의 얼굴을 향해서 주먹을 날렸는데 친구가 못 피한 것뿐이잖아? (억지스러운 감싸기) (✗)

교사 : 화난 네 마음은 이해가 가. 하지만 폭력은 그 어떤 경우에도 절대 안 돼. 친구를 때려 눕혀 버리고 싶은 감정이 들 때, 어떻게 행동해야 했을까? (감정엔 공감하되, 빠져나갈 구멍을 만들어 주지 않고 규칙을 정립) (◯)

참외 꿀팁

Q 빠져나갈 구멍 만들어 주기를 할 때는 '문제 행동을 한 아이'에 대한 공격이 아닌 '문제 행동' 그 자체에 대해서만 규칙을 전달해야 한다고 하셨는데요. 상하 관계를 정립할 때에는 훈육 시 문제 행동에 초점을 맞추면 안 된다고 하지 않았나요?

A 아이가 버릇없는 태도로 일관하고 있는데 문제 행동에 대해서만 훈육하려고 하면 말싸움이 된다는 뜻입니다. 예를 들어, 청소 시간에 농땡이를 피우고 있는 아이를 불렀는데 말대꾸 등 버릇없는 태도가 보인다면, 그때부터는 '청소 시간에 농땡이를 피운 행동'이라는 문제 행동에 초점을 맞춰서는 안됩니다. 긴장감을 동반한 상하 관계 정립이 필요한 순간이니까요. 빠져나갈 구멍 만들어 주기는 상하 관계가 정립이 된 후에 신뢰를 쌓기 위한 기술입니다.

"잘했어!"라고 칭찬해 주자

칭찬 스킬은 미처 인지하지 못했던 아이의 노력을 인정해 주는 스킬입니다. 문제 행동이 반복되면 교사는 아이가 문제 행동의 개선을 위해 전혀 노력하고 있지 않다고 느낍니다. 그래서 "왜 한번 말하면 못 알아듣는 거야?"라고 꾸짖기도 합니다. 하지만 아이는 나름대로 노력하여 두 번 저지를 것을 한 번만 저지른 것일 수도 있습니다. 이때 아이는 교사에게 서운함을 느낍니다. '선생님께서 하지 말라고 하셨는데 또 반복해 버리다니, 더 노력해서 다신 실망시켜 드리지 말아야지.'라고 생각하기엔 아이는 어립니다.

문제 행동은 반드시 반복됩니다. 반복되는 문제 행동 속에서 아이의 노력을 살펴봐 준다면 선생님의 권위는 더욱 단단해집니다. 설령 노력하는 모습이 전혀 보이지 않더라도 전략적으로 한번씩 짚어준다면 반복되는 지도에 피로감을 덜 수 있습니다. 잘못을 인정하는 것도 아이에게는 큰 용기입니다. 이러한 용기를 칭찬해 주고 긍정 행동을 강화한다면 앞으로의 훈육 상황을 수월하게 마무리할 수 있습니다.

교사 : 그래도 학기 초에는 하루에 세 번씩 선생님과 만났는데, 요즘은 하루에 한 번 정도밖에 안 만나네. 네가 노력하고 있다는 거 알아. 앞으로 또 실수할 수도 있어. 그럴 때마다 선생님이 계속 알려 줄게. 잘못 인정하는 것도 잘했어. 난 네

가 그런 면에서 멋있다고 생각해.

아이들은 교사의 인정과 칭찬을 통해 무엇이 옳은 행동인지 반복해서 인지하고 사회적 규범을 배워나갑니다. 인정 욕구를 충족시켜 줄 수 있는 칭찬은 긍정 행동을 강화하고 문제 행동을 수정할 수 있는 훌륭한 무기가 됩니다. 다만 아이가 기고만장해질 정도로 과한 칭찬은 지양해야 합니다. 훈육은 유쾌하지 않습니다. 어떤 행동에 관한 칭찬 또는 격려도 좋지만, 그 행동을 하는 마음에 관한 칭찬(인정)과 격려로 이어진다면 자존감 형성에 더욱 도움이 될 수 있습니다.

> 교사 : 우아, 숙제 다했어? 잘했어! (△)
>
> 교사 : 이번에 숙제 많았는데 대단한데? 어제 늦게까지 했겠다.
>
> 아이 : 네.
>
> 교사 : 졸린 거 참고 공부하는 거 정말 어려운데, 책임감이 멋있다. (○)
>
>
> 교사 : 민준이가 때렸는데도 참은 건 잘했어. (△)
>
> 교사 : 민준이가 때렸는데도 서준이가 참았지? 너도 때릴 수 있는데 제압만 하고 주먹을 참은 거잖아. 감정을 이겨내는 거 어려운데, 정말 멋진 행동이야. 그리고 절대 친구에게 폭력을 써선 안 된다는 규칙을 스스로 지켰어. 너 스스로 자랑스러워 해야 해. (○)

칭찬 스킬의 구체적인 예

° 버릇없는 말투를 쓰는 아이

교사 : 너 한번만 더 말 그따위로 해라. 진짜 가만히 안 있는다. (✖)

교사 : 평소에 말 예쁘게 잘하는 거 알아. (칭찬 스킬) 실수로 생각할게. (○)

° 수업 시간에 불량한 자세가 반복되는 아이

교사 : 자세 똑바로 안 해?! 그게 수업 듣는 태도야?! (✖)

교사 : 바로 앉으세요. (아이가 바로 앉은 뒤) 그래도 자세 지적하는 횟수가 많이 줄었네. 노력하는 모습 좋습니다. (칭찬 스킬) (○)

💬 너를 미워하지 않아

사랑 스킬은 교사가 아이를 미워하지 않는다고 안심시키는 스킬입니다. 훈육 상황을 마주한 아이는 교실에서 가장 강한 사람이 자신을 미워할까 불안합니다. 사춘기에 분비되는 호르몬은 불안감을 더욱 증폭시킵니다. 그래서 거짓말을 하게 되고 변명하게 됩니다. 하지만 교사는 잘잘못을 떠나 앞뒤 상황을 정확하게 파악해야 할 때가 있고 잘못을 스스로 인정하게 하고 사과를 유도해야 할 때가 있습니다.

교사 : 솔직하게 말해! 너 평소에 욕한 거 그냥 넘어간 게 몇 번인데!

아이 : 근데 이번엔 진짜 안 했어요!

미움 받지 않기 위해 아이가 꺼낸 방패를 더 강한 창으로 뚫으려고 해서는 안 됩니다. 방패를 스스로 내려놓게 해야 합니다. 그것을 가능하게 하는 것이 사랑 스킬입니다.

교사 : 네가 친구에게 욕을 했다고 하더라도 나는 너를 절대 미워하지 않아. 친구에게 지우개를 빌려 주고, 선생님께 밝게 인사하는 너를 내가 어떻게 미워할까? 누구나 잘못을 해. 그 잘못을 솔직하게 인정하는 멋진 모습을 계속 보여 줬으면 좋겠어. 선생님한텐 솔직하게 말해도 돼.

저경력 선생님 입장에서는 이러한 말들이 부담스럽게 느껴집니다. 아직 교사로서의 정체성이 형성되기도 전에 아이에게 공감하고, 아이를 칭찬하고, 사랑해야 한다는 말이 멀게만 느껴집니다. 아이들에게 받은 상처들이 욱신거리며 거부감이 느껴지기도 합니다.

아이들을 사랑하지 않아도 괜찮습니다. 훈육에 필요한 것은 진심에서 우러나오는 사랑이 아니라 전략과 스킬입니다. 훈육은 현재 상황을 냉정하게 판단하고 가장 필요한 말과 행동을 짜임새 있게 조직하여 아이에게 전달하는 것입니다. 사랑 스킬을 비롯한 마음 어루만지기 또한 훈육 효과가 있으므로 훈육 멘트에 추가하는 것이지, 아이들을 진심을 다해 사랑하기 때문에 훈육 멘트에 추가하는 것이 아닙니다.

그럼에도 마음 어루만지기를 도저히 할 수 없을 때가 많습니다. 부모도 자녀에게 약이 바짝 올라 감정적으로 훈육하는 순간이 많은데, 생전 처음 보는 버릇없는 아이를 마주한 교사는 오죽할까요. 교사 또한 인간이고 감정이 있기 때문에 항상 최선의 훈육을 내놓을 순 없습니다. 하기 싫을 땐 안 할 수도 있지요. 마음 어루만지기를 몇 번 생략한다고 해서 지금까지 쌓아온 관계가 흠집 나는 것도 아닙니다. 다만, 방법을 알고 하지 않는 것과 모르고 하지 않는 것은 다릅니다. 방법을 모른다면 '네가 잘못해 놓고 왜 바른말을 하는 나에게 적대적인 거야? 다음에 또 이러면 어떻게 해야 하지?'라고 생각하고 전전긍긍합니다. 하지만 방법을 안다면 '난 언제든 널 내 편으로 만들 수 있어. 하지만 지금은 내 마음이 준비되지 않아서 안 하는 것뿐이야.'라고 생각할 수 있습니다. 언제든 뽑아 쓸 수 있는 무기를 품은 것만으로도 아이를 대하는 태도는 한결 여유로워집니다.

사랑 스킬의 구체적인 예

∘ 모둠 활동을 방해하는 아이

교사 : 넌 모둠 활동할 자격이 없어. 나와. (✖)

교사 : 무슨 일이야? (공감 스킬) 그런 일이 있었구나. 잠시 여기 앉아서 친구들이

모둠 활동 하는 거 볼 거야. 친구들이 어떻게 하는지 잘 봐. 친구들과 함께할 자신이 있을 때 선생님한테 말해. 넌 충분히 잘할 수 있을 거라 믿어. (사랑 스킬)
(O)

○ 거짓말하는 아이

교사 : 너 맨날 선생님한테 거짓말하는 거, 이거 습관이야. 고쳐야 해. (✖)

교사 : 선생님은 항상 네 편이야. (사랑 스킬) 너 혼내려고 부른 거 아니야. 어떤 일이 있었는지 듣고 어떻게 해야 하는지 알려 주는 것뿐이야. 선생님한텐 솔직하게 말해도 돼. (O)

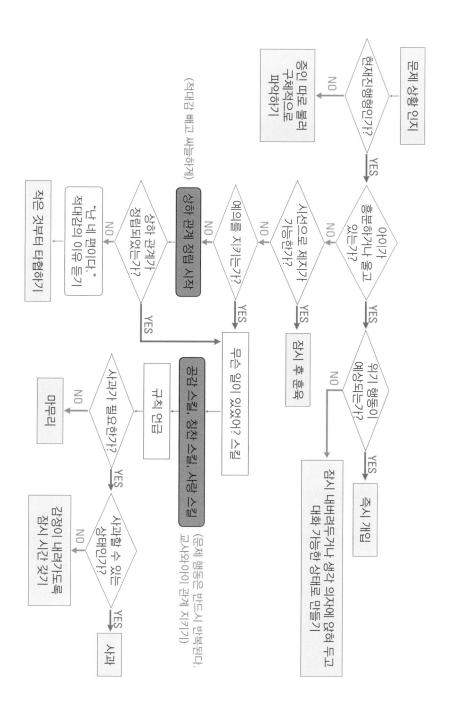

문제 상황 인지

현재진행형인가? — NO → 증인 따로 불러 구체적으로 파악하기

YES ↓

아이가 응분하거나 울고 있는가?

NO → 시선으로 제지가 가능한가?

NO → 예의를 지키는가?

NO → 상한 관계가 접합되었는가?

NO → "난 네 편이다." 적대감의 이유 듣기

NO → 작은 것부터 타협하기

(적대감 빼고 싸듣하게)

상한 관계 접합 시작

무슨 일이 있었어? 스킬

공감 스킬, 칭찬 스킬, 사람 스킬

(문제 행동은 반드시 반복된다. 교사와 아이의 관계 지키기)

규칙 연급

사과가 필요한가?

NO → 마무리

YES → 사과할 수 있는 상태인가?

NO → 감정이 내려가도록 잠시 시간 갖기

YES → 사과

예의를 지키는가? YES → 잠시 후 복목

시선으로 제지가 가능한가? YES → 잠시 후 복목

위기 행동이 예상되는가?

NO → 잠시 내버려두거나 생각 의자에 앉혀 두고 대화 가능한 상태로 만들기

YES → 즉시 개입

PART 3 교사와 학생의 신뢰 관계 151

PART 4

실전 대화

· · · · · · ·

너, 내 동료가 돼라

수업 중 떠드는 아이

| 교사 스스로 권위가 있다는 착각을 버리기 |

수업 중 교사가 경고하였음에도 아이가 이를 가볍게 받아들인다면 상하 관계의 문제입니다. 경고를 주는 행위 그 자체보다, 경고를 어떤 표정과 말투로 주느냐에 초점을 맞춰 상하 관계를 정립할 필요가 있습니다.

○ 만만 상황

교사 : 자, 여기서 부피 구하는 공식을…….

민준, 서준 : (떠든다.)

교사 : 어허, 민준, 서준. 조용히 해. 경고 한 번이야.

민준, 서준 : (키득거리며) 네!

교사 : 자, 밑변의 넓이가…….

민준, 서준 : (떠든다.)

교사 : 민준, 서준 자꾸 떠들어라? 어?

민준, 서준 : (키득거리며) 죄송합니다!

교사 : 너희 경고 두 번이야. 한번 더 걸리면 자리 이동이야!

안타깝게도, 교사의 권위는 0에서 시작합니다. 교사라는 이유만으로 선생님이 주는 경고에 아이들이 긴장감을 느끼진 않습니다. 슬픈 현실이지요. 교사 스스로 권위가 있다는 착각을 하게 되면, 교사의 지시나 지적을 진지하게 받아들이지 않는 아이를 만났을 때 당황하게 됩니다. 당황한 교사는 더욱 날카롭고 권위적인 목소리를 내려고 하지만 이는 교사의 힘을 키워주는 행동이 아니며 그렇게 악순환이 시작됩니다. 따라서 권위를 잠시 벗어 두고, 아이에게 심리적인 긴장감을 줄 수 있는 말투와 표정, 행동(센 척)을 훈련하여 적용해야 합니다.

◦ 센 척 상황

교사 : 자, 여기서 부피 구하는 공식을⋯⋯.

민준, 서준 : (떠든다.)

교사 : (칠판을 보며 설명하는 상태에서 그대로 말과 행동을 멈춥니다. 침묵 상황을 만들어 긴장감을 높입니다.)

민준, 서준 : ⋯⋯. (아이들은 자신의 어떤 행동이 교사를 불편하게 했는지 생각하며 긴장감을 느낍니다.)

교사 : (전체 정숙이 되면 시선을 바닥으로 떨구고 심호흡을 한 후 코로 내쉽니다. 분필을 놓고 허공을 보며 화를 삭이는 척 합니다. 긴장감이 충분해지면 싸늘하게 민준과 서준을 바라 봅니다.) 민준, 서준.

민준, 서준 : 네…….

교사 : (싸늘하게 어이없다는 듯) 왜 떠들어? (이유 묻기 스킬)

민준, 서준 : ……. (상하 관계 정립 완료)

교사 : …… 왜 떠드냐고.

민준, 서준 : …….

교사 : 왜 대답을 안 하지. 수업을 방해할 이유가 있었던 거 아니야?

민준, 서준 : …….

교사 : 대답을 해야 대화가 되지?

민준, 서준 : …….

교사 : 이유가 없으면……. 아니 이유가 있더라도……. 떠들지 마……. (규칙 정립)

민준, 서준 : 네…….

교사 : 경고 한 번이야…….

참외꿀팁

상하 관계가 어느 정도 형성이 되어있는 상태라면, 굳이 대화를 길게 끌고 갈 필요 없이 침묵 이후 주의를 주는 정도로 충분합니다. 관건은 교사가 주의를 주었을 때 아이가 긴장감을 느끼는가입니다.

위의 상황에서는 날카로운 말을 사용하지 않았으니 신뢰 관계에 해가 되진 않았으나, 마음 어루만지기가 이루어진 것은 아닙니다. 모든 상황에서 마음 어루만지기를 통해 신뢰 관계를 도모할 필요까지는 없습니다. 신뢰 관계를 회복할 상황은 많으니 아이들의 이름을 기억해 뒀다가 '이때다!' 싶을 때 마음 어루만지기를 통해 신뢰 관계를 쌓아나가면 됩니다.

말버릇 없는 아이

| 넘지 말아야 할 선을 알려 주기 |

아이들이 사용하는 "왜요?", "…인데요?" 등의 말투는 교사의 평온한 마음에 불을 지핍니다. 상하 관계 문제일 수도 있으나, 대체로 아이가 몰라서 사용하는 경우가 많습니다. 그럴 때마다 예의를 지적하는 것도 일이기에 학기 초에 미리 말투에 대해 약속해 두는 것이 좋습니다.

∘ **만만 상황**

교사 : 민준아, 학습지 꺼내야지.

민준 : 학습지 잃어버렸는데요?

교사 : 잃어버렸으면 다시 달라고 해야 할 거 아냐! (예의를 지적하지 않았습니다.)

∘ **센 척 상황**

교사 : 민준아, 학습지 꺼내야지.

민준 : 학습지 잃어버렸는데요?

교사 : ······잃어버렸는데요? (되묻기 스킬을 통해 긴장감을 형성합니다.)

민준 : ·······. (민준이는 자신의 어떤 언행이 교사를 불편하게 했는지 생각합니다.)

교사 : 주목! 잠시 멈추세요. (싸늘하게 말해야 하기 때문에 집중 구호를 통해 주변을 조용히 시킵니다. 아이는 자신의 언행으로 인한 전체 정숙 상황을 마주하면 더욱 긴장하게 됩니다.)

교사 : (땅을 보며 싸늘하게) ······민준아. (이름 부르기 스킬. 민준이를 보며 싸늘하게) 선생님이 정말 싫어하는 말이 있어······. "왜요?", "···인데요?"라는 말을 정말 싫어하거든······. 왜냐하면 ······ 예의 없는 말이기 때문이야. 우리 민준이는 ······ 어떻게 생각해?

민준 : 그런 것 같아요·······.

교사 : 그럼 어떻게 말해야 될까 ······?

민준 : ·······.

교사 : 선생님이 친절하게 알려 줄게. "학습지 잃어버렸는데 한 장 더 주실 수 있을까요?"라고 말하면 선생님이 친절하게 한 장 더 줄 거야. 알겠지?

민준 : 네·······.

교사 : 몰라서 그런 거니까 ·······. 선생님이 알려 주는 거야.

민준 : 네·······.

교사 : (교탁으로 나가서) 얘들아, 선생님한테 쓰면 안 되는 말이 있어. "왜요?", "···인데요?"라는 말은 쓰면 안돼. 예의 없는 말이기 때문이야. 선생님은 너희를 정말 아끼는데, 너희한테 "왜요?", "···인데요?"라는 말을 들으면 기분이 어

떨까?

아이들 : 안 좋아요.

교사 : 응. 정말 속상한 마음이 들어. (나 전달법으로 교사의 감정을 전달합니다. 단, 하소연하듯이 말하지 않고 경고하듯 말합니다.) "왜요?" 대신 무슨 말을 쓰면 좋을까? "네, 선생님." 또는 "무슨 일 때문이죠?" 정도가 좋겠지? "…인데요?" 대신 무슨 말을 쓰면 좋을까? "…입니다."라고 쓰면 되겠지?

말투에 대해 미리 약속을 해 두면, 아이의 실수로 버릇없는 말투가 툭툭 튀어나올 때 되묻기 스킬이 더욱 빛을 발합니다.

교사 : 민준아, 오늘 보충 수업 있는 거 알지?

민준 : 저 오늘 학원 가야 되는데요?

교사 : (싸늘하게) ……가야 되는데요? (되묻기 스킬)

민준 : '약속했었지.' 아……. 그……. 오늘 학원 가야 합니다.

교사 : 그래. 그렇게 예의 있게 말해야지. 이리 와. 오늘 보충 수업 있는 거 깜빡했어? (공감 스킬)

민준 : 네…….

교사 : 선생님은 보충 수업 때문에 오늘 일부러 일정 비워 놨는데, 좀 곤란해졌네.

민준 : 죄송합니다.

교사 : 그래. 내일 하자. 잊어버리지 마.

아침 시간 규칙을 지키지 않는 아이

| 규칙을 방패로 세우지 않기 ① |

아침 시간에 조용히 자기 할 일을 하는 규칙이 있다고 가정해 봅시다.

○ **만만 상황**

민준 : (친구와 장난을 친다.)

교사 : 아침 시간이야. 다들 조용히 해야지.

민준 : (아랑곳하지 않는다.)

교사 : 어허, 민준, 규칙 설명했는데? (교사 스스로 권위가 있다고 착각)

민준 : 말 안 하고 조용히 있었는데요? (상하 관계가 무너진 상태라 아이가 말대꾸를 합니다.)

교사 : 조용히 자기 할 일 하기로 약속했잖아. (아이의 태도를 꼬집지 않고, 문제 행동에만 집중하여 말싸움을 받아 줍니다.) 서준이도 책 혼자 봐야지.

서준 : 모르는 거 물어본 건데요? (앞서 민준의 태도를 지적하지 않았기 때문에 이 정도 말투는 괜찮다고 생각합니다.)

💬 규칙 방패

아이의 행동이 규칙에 대한 도전인지, 상하 관계에 대한 도전인지 구별해야 합니다. 아침 시간처럼 교사에게 발각되기 너무도 쉬운 상황에 소란스러운 행동을 하는 것은 규칙에 대한 도전이 아닌 상하 관계에 대한 도전입니다. 교사를 만만하게 보고 있는 상황이지요. 상하 관계에 대한 도전에 교사가 규칙을 방패 삼아 막으려고 하면 아이는 교사의 카리스마를 느끼지 못하기 때문에 위 상황처럼 말대꾸가 나옵니다.

상하 관계에 대한 도전은 상하 관계 정립으로 대응해야 합니다. 규칙을 지켜야겠다는 느낌이 아니라 교사의 선을 넘어서는 안 되겠다는 느낌을 먼저 주어야 합니다. 교사에 대한 긴장감이 생길 때, 서서히 규칙에도 긴장감이 옮겨가게 됩니다. 규칙은 아이를 불러낼 명분으로 사용합니다.

∘ 센 척 상황 ① 아직 상하 관계가 정립되어 있지 않다면

민준 : (친구와 장난을 친다.)

교사 : (업무 보는 척하며 잠시 기다립니다. 스스로 문제 행동을 수정할 수 있는 기회를 줍니다.)

민준 : (여전히 친구와 장난을 친다.)

교사 : 나와. (민준이가 나올 때 쳐다 보지 않고 모니터 보기 스킬을 사용하여 업무를 보는 척합니다.)

민준 : ……. (민준이는 자기에게 관심이 별로 없는 듯한 교사의 태도에 긴장감을 느낍니다.) (짝다리를 짚으며) 왜요?

교사 : (싸늘한 표정으로 민준이를 쳐다 보며) ……왜요? (되묻기 스킬) 똑바로 서.

민준 : ……. (자신의 행동에 변명하러 왔다가 태도를 지적받으니 당황하게 됩니다.)

교사 : 선생님이 "왜요?"라는 말 쓰지 말라고 했는데. 기억 안 나?

민준 : ……나요. (상하 관계 정립)

교사 : 어떻게 해야 돼?

민준 : 네, 선생님…….

교사 : ……민준아, 난 너 혼내기 싫어. 내가 널 얼마나 예뻐하는데. 난 항상 네 편이야. (아이가 느꼈을 굴욕감을 해소시켜 주기 위해 마음 어루만지기를 시작합니다.)

민준 : …….

교사 : 근데 예의 없이 말하면 선생님이 속상하잖아. (하소연하듯이 말하지 않고

경고하듯) 예의 있게 말할 수 있지?

민준 : 네······. (상하 관계가 정립되었으므로 이제야 문제 행동을 훈육할 수 있는 상황이 만들어집니다. 떠드는 행동은 상하 관계로 제지할 수 있는 부분이기 때문에 간단히 훈육합니다.)

교사 : 아침 시간 규칙 알아?

민준 : 네······.

교사 : 그런데 뭐했어?

민준 : 모르는 거 물어 보느라······.

교사 : 모르는 거 물어 봐도 돼?

민준 : 아니요······.

교사 : 왜 안돼.

민준 : 조용히 하는 게 규칙이라서······.

교사 : 잘 아네. 모르는 걸 물어 보는 건 칭찬받아야 할 행동이야. (공감 스킬) 그런데 규칙은 꼭 지켜야 하는 거야. (규칙 정립) 잘 지킬 수 있지? (마음 어루만지기를 하는 상황일지라도 무표정과 단호한 말투를 유지합니다. 훈육은 훈육답게 합니다.)

민준 : 네······.

∘ 센 척 상황 ② 이미 상하 관계가 정립되어 있다면

교사 : 나와.

민준 : ······.

교사 : 내가 왜 부른 것 같아?

민준 : 떠들어서…….

교사 : 용기 있게 잘못 인정하네? 역시 멋있어. (칭찬 스킬) **규칙 잘 지킬 수 있지?** (규칙 정립. 무표정과 단호한 말투를 유지합니다. 훈육은 훈육답게 합니다.)

○ 센 척 상황 ③ 떠드는 학생이 다수라면

책 가지러 간답시고 떠드는 아이들, 동네방네 들리게 혼잣말을 중얼거리는 아이가 몇몇 보입니다. 이는 교실의 규칙이 흔들리고 있는 상태입니다. 선을 넘어서는 안 된다는 인식을 줄 필요가 있습니다.

교사 : 주목!

아이들 : 주목! 짝짝!

교사 : (싸늘하게 모니터를 보며) 떠든 사람들 일어나.

몇몇 아이가 일어납니다. 예상치 못한 모범생이 일어나도 당황하면 안 됩니다. 만약 일어나지 않는 아이들이 있다면 잘못을 인정할 수 있는 분위기를 조성해 줍니다.

교사 : 일어나야 할 사람들이 안 일어나네. 지금 일어나는 친구들은 선생님이 절대 미워하지 않는다. 당연히 실수할 수 있기 때문이야. 중요한 건 잘못했을 때

인정하는 용기야. 누가 떠들었는지 다 알고 있어. 마지막으로 용기낼 기회 준다.

이때 소란스러웠던 아이들 대부분이 일어납니다.

교사 : (잠시 기다리며 긴장감을 형성합니다.) **복도로 나가.** (의도적으로 시선을 마주치지 않으면 더 세 보입니다.)

바로 나가지 말고, 심호흡을 한번 합니다. 나가서 무슨 말을 할지 생각합니다. '하……. 뭐라고 해야 세 보일까…….' 30초 뒤, 복도로 나가면 아이들이 중구난방인 자세로 교사를 쳐다 봅니다.

교사 : **이리 와. ……똑바로 서.** (상하 관계 정립)
아이들 : (똑바로 선다.)
교사 : **따라 와.**

연구실 등 으슥하고 조용한 공간으로 데려갑니다. 덩치들과의 다대일 상황. 12년만에 형성된 게 맞나 의심되는 키. 솔직히 일대일로 최선을 다해 싸워도 질 것 같지만 기세로 가야 합니다. 지금 선생님은 덩치 아저씨들을 거느리는 조직 보스의 외동딸입니다. 자신감을 가지세요. '나는 세다. 나는 보통내기가 아니다. 나는 엄청난 힘을 숨기고

있다.'

교사 : 선생님 앞에 서.

민준 : 선생님, 서준이도 떠들었는데요.

교사 : (싸늘하게 민준이를 바라보며) 떠들었는데요? (되묻기 스킬)

민준 : …….

교사 : 선생님이 그런 말투 쓰면 안 된다고 했는데.

민준 : ……서준이도 떠들었습니다. (상하 관계 정립)

교사 : 그렇게 예의 있게 말해야지. 민준아, 내가 떠든 사람 더 있나 물어 봤
어?

민준 : 아니요…….

교사 : 선생님은 너희를 정말 좋아하는 사람이야. 1년 내내 항상 너희 편인 사람
이야. (사랑 스킬) 그런 내가 너희를 왜 부른 것 같아?

아이들 : 아침 시간 규칙 안 지켜서…….

교사 : 잘 아네. 근데 왜 안 지켜? (지시 불응 이유 묻기)

아이들 : …….

교사 : (싸늘하게) 내가 너무 예쁘게 말해서 그렇지? (선생님이 친절하게 말
할 때 들어야 한다는 인식을 줍니다.) 선생님 잘못이네?…… 난 너희를 절대
혼내고 싶지 않아. 그래서 늘 예쁘게 말하잖아. 그런데 너희가 선생님의 친절
함을 이용하려고 하면, 선생님도 예쁘게 말 못해. 선생님이 무섭게 했으면 좋겠

어? (이미 최선을 다해 센 척하고 있지만 더 무섭게 할 수 있다는 허세를 부려줍니다.)

아이들 : 아니요…….

교사 : (싸늘하게) 그럼 예쁘게 말할 때 들어…….

아이들 : 네…….

교사 : 너희가 노력하고 있는 거 다 알아. 선생님이랑 한 약속 지키려고 노력하고 있잖아. 그렇지? (칭찬 스킬)

아이들 : 네…….

교사 : 실수한 거잖아. 그렇지? (공감 스킬)

아이들 : 네…….

교사 : 용기 있게 잘못 인정하고 일어선 건 칭찬한다. (칭찬 스킬) 멋있어. 앞으로도 이렇게 잘 인정하면 혼날 일 없어. 규칙도 잘 지킬 수 있지? (규칙 정립)

아이들 : (고개를 끄덕인다.)

교사 : 말로 해.

아이들 : 네…….

상하 관계가 점점 견고해지면 선생님의 평범한 지시에도 어느 정도 긴장감을 유발할 수 있습니다. 이후 아침 시간 규칙을 지키지 않는 아이가 있다면 가볍게 이름을 부르거나 쳐다보는 정도로도 충분히 강한 경고를 줄 수 있습니다.

교사 : 민준이, 규칙.

민준 : 네⋯⋯. '저 양반이 예쁘게 말할 때 들어야 돼⋯⋯.'

이렇게 되기 위해서는 규칙이 안 지켜질 때 싸늘한 표정으로 정색할 수 있는 용기가 필요합니다. '오늘 분위기 좋은데 그냥 넘어갈까?'라고 생각하면 교사가 그동안 쌓아 올린 규칙의 엄격함이 무너지게 됩니다. 규칙에 대해 교사가 1년 내내 일관되게 행동해야 칠판에 붙여놓은 규칙이 아이들에게 믿고 따를 수 있는 강력한 이정표가 됩니다.

창외 꿀팁

Q 떠든 아이가 끝까지 일어나지 않으면 어떻게 해야 하나요?

A 용기 있게 인정할 수 있도록 분위기를 조성해 주면 대체로 일어나지만 그럼에도 불구하고 일어나지 않으면 교사를 속이려고 작정을 한 것이기 때문에 어쩔 수 없습니다.
이번 훈육의 목적은 아침 시간 규칙에 대해 교사가 단호한 태도를 보이는 것이기 때문에, 사소한 거짓말에 굳이 집착하지 않아도 됩니다. 당장 문제 행동을 억지로 인정시키는 것보다 규칙의 중요성에 대한 분위기를 형성하는 것을 우선하는 것이 좋습니다. 그렇게 되면 아이도 다음부터는 조심해야겠다고 생각합니다.

말 끊는 아이

| 규칙을 방패로 세우지 않기 ② |

◦ 만만 상황 ① 답변 해 주기

교사 : 자, 저번 시간에 쓴 질문을 바탕으로 짝과 인터뷰를 해 볼 건데…….

민준 : (버릇없는 말투로) 짝 없는데요.

교사 : (친절하게) 셋이 하면 돼.

민준 : 셋이 어떻게 해요?

교사 : (친절하게) 학습지 설명부터 하고 알려 줄게.

지금 민준이가 교사의 말을 끊은 이유는 '짝이 없는데 어떻게 하면 좋죠?'라고 물어 보기 위함이 아닙니다. 교사의 말을 끊음으로써 교실 속에서 자신의 존재감을 드러내기 위함입니다. 교사를 향한 작은 도전(상하 관계 도전)입니다. 이때 교사가 '셋이 하면 돼.' 등으로 민준이의 도전에 친절히 답변해 주면 민준이의 작은 도전은 성공하게 됩니다. 상하 관계 도전은 상하 관계 정립으로 대응해야 합니다.

◦ 만만 상황 ② 규칙 방패

교사 : 자, 저번 시간에 쓴 질문을 바탕으로 짝과 인터뷰를 해 볼 건데…….

민준 : (버릇없는 말투로) 짝 없는데요.

교사 : (싸늘하게) 손 들고 말해. (규칙 방패)

이 상황에서 규칙을 방패로 내세운 것이 마냥 잘못된 대응은 아닙니다. 민준이와의 말싸움을 방지하고 훈육의 주도권만큼은 가져왔기 때문입니다. 다만, 민준이가 교사의 말을 끊은 것은 겉으로는 단순히 규칙을 어긴 행동처럼 보이나, 이것이 핵심은 아닙니다. 민준이가 잘못한 것은 규칙을 어긴 것에 앞서, 교사에게 버릇없이 행동한 것입니다. 즉, 상하 관계 도전입니다. 상하 관계 도전을 규칙을 통해 논리적으로 대응하면(규칙 방패) 아이는 교사의 카리스마를 느끼지 못합니다. 상하 관계는 논리가 아닌 본능입니다. 규칙은 본능적인 서열 정리 후에 훈육의 명분으로서 말해 주는 것이 좋습니다.

◦ 센 척 상황 ① 아직 상하 관계가 정립되어 있지 않다면

교사 : 자, 저번 시간에 쓴 질문을 바탕으로 짝과 인터뷰를 해 볼 건데…….

민준 : (버릇없는 말투로) 짝 없는데요.

교사 : (교탁으로 고개를 떨구고 침묵합니다.) ……. (아이의 문제 행동 직후 의도적으로 침묵함으로써 아이 스스로 자신의 어떤 행동이 교사를 불편하게 했는지

생각하게 합니다. 강한 사람은 기분이 나쁠 때 섣불리 말을 꺼내지 않습니다. 교탁으로 고개를 떨군 채, 허공을 향해 눈살을 찌푸리며) ……. (침묵을 일부러 길게 가져가며 교실 전체의 긴장감을 고조시킵니다.) 민준아. (이름 부르기 스킬) 너 지금 뭐라고 했어. (되묻기 스킬. 끝을 올리지 않고 툭 뱉습니다.)

민준 : …….

교사 : 지금 뭐라고 했는지 물었어.

민준 : 짝이……. 없다고…….

교사 : 그렇게 말 안 했잖아. 아까랑 똑같이 말해 보세요.

민준 : 짝 없는데요…….

교사 : 내가 알려 줄까? (목소리를 조금 키워서) "짝이 없는데요?" 이렇게 말했어.

민준 : ……. (상하 관계 정립)

교사 : (상하 관계가 정립되었으므로 신뢰 관계 정립을 시작합니다. 심호흡을 하고 코로 내쉬며) 민준아, 선생님은 널 정말 아끼거든? (사랑 스킬) 그런데 그런 말투는 선생님이 좀 속상하네. (하소연하듯이 말하지 않고 싸늘하게 말합니다.) 선생님 속상하게 하려고 일부러 그런 거야?

민준 : 아니요…….

교사 : 실수한 거지? (공감 스킬)

민준 : 네…….

교사 : 예의 있게 말해야 한다. 민준이가 어떤 규칙을 못 지켰지? (규칙 정립)

민준 : 손 들고 말하기······.

교사 : 잘 지킬 수 있지? (다정하게 말하지 않고 싸늘하게 말합니다. 훈육은 훈육답게 합니다.)

민준 : 네······.

교사 : 앉아. 잘하고 있어. 실수한 거야. (공감 스킬)

∘ 센 척 상황 ② 이미 상하 관계가 정립되어 있다면

민준 : 짝 없는데요.

교사 : ······민준아?

민준 : 네······.

교사 : 말 끊으면 안 되지?

민준 : 네······.

교사 : 실수라고 생각할게?

민준 : 네······.

집중 구호를 지키지 않는 아이

| 조바심 버리기 |

　다음 활동으로 넘어가거나 다수의 소란스러움을 지적하는 등 아이들에게 지시해야 할 상황이 있을 때, 매번 싸늘한 무표정으로 아이들을 쏘아 보는 것에는 무리가 있습니다. 이때 선생님들께서는 대부분 집중 구호를 선택합니다.

교사 : 6학년!

아이들 : 3반! 짝짝!

　카리스마 선생님은 "자, 봐라." 한마디로 교실을 침묵시킬 수 있으나, 카리스마를 배워나가는 선생님에게는 쉽지 않은 일입니다. 특히 저학년의 경우, 교사의 표정에 따라 눈치 빠르게 행동을 정돈하기 어렵기 때문에 집중 구호는 반드시 지켜내야 합니다. 태블릿 수업을 준비하는 상황이라고 가정해 봅시다.

∘ 만만 상황

교사 : 자, 태블릿에서 손 떼고 선생님 보세요.

아이들 : (떠든다.)

교사 : 주목! 자, 자, 주목! 서윤아! 선생님 봐야지!

서윤 : (떠든다.)

교사 : 설명 한번만 할 거야. 지금 안 듣는 사람 다시 말 안 해 준다! (아이들은 선생님이 다시 말 안 해 준다니 집중해서 들어야겠다고 절대 생각하지 않습니다. 효력 없는 말입니다.) 좀 있다가 딴소리하면 혼난다! (전체 정숙 상황이 아니니 지시는 의미 없습니다.)

지우 : 선생님, 저 로그인이 안 돼요. (지시 불응)

교사 : 아직 로그인하는 거 아니야. 선생님 말 좀 하자. (지시 불응에 친절히 대답하면 아이들의 지시 불응은 습관이 됩니다.)

∘ 예방 상황

교사 : (전체 정숙 이후 싸늘하게) 지금부터 태블릿 나눠 줄 건데, 선생님이 지시하는 행동만 합니다. 절대 말하지 말고, 문제 있으면 손 들고 있으세요. 태블릿 수업 행복하게 하기 위해서니까 잘 따라 오세요. (내가 싸늘한 이유는 너희의 행복을 위해서라는 사랑 스킬을 깔아 줍니다.)

서준 : (교사를 쳐다 보지 않고 딴짓을 한다.)

교사 : 서준.

서준 : 네?

교사 : 지금 내가 뭐라고 했어?

서준 : …….

교사 : 대답해야지.

서준 : 태블릿 나눠 주신다고…….

교사 : ……그리고?

서준 : …….

교사 : 집중하세요.

서준 : 네.

아이들에게 익숙하지 않은 교구를 사용할 때 지시를 최대한 잘게 쪼개야 합니다.

교사 : 태블릿 받으면 전원만 켭니다. 전원 켤 줄 모르는 사람은 손 들고 있으세요.

교사 : 지구본 모양 인터넷 앱이 있습니다. 못 찾은 사람은 손 들고 있으세요.

교사 : 클릭만 합니다. 안되는 사람은 손 들고 있으세요.

이런 식으로 지시를 잘게 쪼개고 아이들의 문제를 해결하다 보면, 40분 동안 로그인하는 것도 힘들 수 있습니다. 대부분의 아이는 이 시간을 지루해합니다. 하지만 1년간 태블릿 수업을 원활히 하기 위해서는 반드시 견뎌야 하는 과정입니다. 처음엔 40분, 두 번째엔 20분, 이런 식으로 점점 준비 시간을 짧게 하는 것에 목표를 두어야 합니다. 어느 정도 시간이 지나면 쉬는 시간에 태블릿 준비하라고 말만 해도 수업 전 대부분 준비가 완료됩니다.

태블릿 수업처럼 긴 호흡의 지시가 요구되는 시간은 최대한 엄격한 분위기를 유지하는 것이 좋습니다. 추후 90 %의 밝고 따뜻한 수업을 위해선 초반 10 %의 차가운 상하 관계를 견뎌내는 과정이 필요합니다.

◦ 센 척 상황

우리가 원하는 상황은 교사가 집중 구호를 했을 때, 아이들 모두가 하던 일을 즉시 멈추고 교사를 쳐다 보는 상황입니다. 이를 위해서는 집중 구호를 무시했을 때 교실 서열 1위의 유쾌하지 않은 훈육을 받아야 한다는 인식을 주어야 합니다.

서윤, 민서 : (떠든다.)

교사 : 주목! (집중 구호 이후에 절대 사족을 달지 않습니다. "주목!"이라는 발화의 힘을 키워야 합니다.)

아이들 : 주목! 짝짝!

몇몇 아이들 : (떠든다.) (상하 관계가 무너져 교사의 집중 구호에 긴장감을 느끼

지 않습니다. 상하 관계 재정립이 필요합니다.)

교사 : (싸늘한 표정으로 소란스러운 아이들을 가만히 바라보며) ……. (침묵으로 교실의 긴장감을 높입니다. 강한 사람은 자신을 불편하게 한 행동에 대해 싸늘한 침묵으로 불편함을 표현합니다. 시간이 걸리더라도 꼭 필요한 과정입니다.)

서준 : 야, 앞에 선생님…….

아이들이 대부분 긴장한 채로 교사를 봅니다. 전체 정숙이 되었더라도 침묵을 유지하며 긴장감을 더욱 고조시킵니다.

교사 : (눈썹을 만지며 화를 삭이는 척을 하며. 화는 표출될 때보다 표출되기 직전이 더욱 긴장감 있습니다.)

아이들 : …….

교사 : (싸늘하게) 선생님이 주목이라고 했는데……. 바로 주목 안 한 사람, 일어나세요. (앉아 있는 아이에게 바로 훈계하면 "얘도 떠들었는데요?", "옆 친구 도와 주려고 그랬는데요?" 등 말싸움을 할 수 있습니다. 스스로 잘못을 인정할 기회를 줄 필요가 있습니다.)

몇몇 아이가 일어납니다. 다 일어났어도 고개를 떨구고 목을 잡으며 침묵 시간을 유지합니다.

교사 : (일어난 아이들을 싸늘하게 쳐다 봅니다. 교사의 시선이 다른 곳을 향하고 있다가 갑자기 자신에게로 향하면 긴장감이 올라갑니다. 이 과정에서 아이들은 교사와의 상하 관계를 느낍니다.) 서준아. (싸늘하게. 이름 부르기 스킬)

서준 : 네······.

교사 : 주목이라고 하면 뭐 해야 돼?

서준 : 주목······.

교사 : 그런데 너는 뭐했어? (지시 불응 이유 묻기)

서준 : 민준이가 로그인······. 안 된다고 해서······. (거짓말이지만 "웃고 떠든 게 도와준 거야?"라고 굳이 지적하지 않습니다. 그렇게 대응하면 말싸움으로 이어질 수 있습니다.)

교사 : 서준아. (이름 부르기 스킬)

서준 : 네······.

교사 : 너만의 사정이 있으면 선생님 말을 무시해도 돼?

서준 : 아니요······.

교사 : 서윤아.

서윤 : 네······.

교사 : 주목이라는 말을 무시하면 반이 어떻게 될 것 같아.

서윤 : 시끄러워져요······.

교사 : 시끄러우면 행복한 수업을 할 수 있을까? (현재 훈육이 교사 개인의 감정 때문이 아닌 교실을 위해서 이루어지고 있음을 알려 줍니다.)

서윤 : 아니요…….

교사 : 다른 친구들은 선생님이랑 한 약속 지키고 있잖아. 친구들 노력을 물거품으로 만들 거야? (집중 구호를 잘 지킨 아이들의 긍정 행동을 강화합니다.)

서윤 : 아니요…….

지금 시점에서 상하 관계는 정립이 되었습니다. 하지만 집중 구호의 힘을 키우려고 일부러 상하 관계 정립 시간을 더욱 길게 가져갈 것입니다.

교사 : 다시 물어 보겠습니다. 너희가 잘못한 부분을 말하세요. 서윤이부터.

서윤 : 주목이라고 하셨는데 주목 안 한 거요…….

교사 : 다음, 서준.

서준 : 주목이라고 하셨는데 주목 안 한 거요…….

교사 : 서준아, 친구를 도와주려고 하는 마음은 좋아. (공감 스킬) 내가 널 좋아하는 이유이기도 하고. (사랑 스킬) 그래도 규칙은 지켜야 하는 거야. 알았어?

서준 : 네…….

교사 : 그래도 모두 용기 있게 인정한 부분은 칭찬한다. 멋있어. 물론 규칙을 잘 지킨 아이들도 정말 멋있고. 너희는 앞으로도 계속 실수할 거야. 그때마다 선생님은 혼내지 않고 규칙을 알려줄 거야. 너희는 용기 있게 잘못을 인정하기만 하면 됩니다. 알겠습니까?

아이들 : 네!

집중 구호가 힘을 잃는 이유는 조바심 때문입니다. 시간 내에 정해진 진도를 나가야 하므로 집중 구호 이후에 아이들이 집중하지 않아도 수업을 진행하곤 합니다. 이러한 과정이 반복되면 아이들은 교사의 집중 구호를 가볍게 여기게 됩니다. '이번 시간 공부는 포기한다.'는 마인드로 집중 구호의 힘을 되찾는 것에 초점을 두어야 합니다. 이미 상하 관계가 정립이 되어있다면 위 대화만큼 길진 않더라도 어느 정도의 훈육이 필요합니다. 집중 구호는 그 어떤 경우라도 반드시 사수해야 하기 때문입니다.

집중 구호를 하는 방법

1. 집중 구호를 한 후, 아이들이 모두 집중에 성공한 후에 5초 정도 가만히 있다가 수업을 진행하는 것이 좋습니다. 집중 구호를 대하는 교사의 자세가 진지하면 아이들도 집중 구호에 대한 엄격함을 느낄 수 있습니다.

2. 집중 구호 이후 아이들이 모두 주목할 때까지 시간이 5초 이상 걸렸다면, "주목하는 데 시간이 너무 오래 걸렸습니다. 잘 지킨 아이들은 훌륭합니다. 다시 연습하겠습니다."라고 말하며 집중 구호를 중요시 여기는 태도를 보일 필요도 있습니다. 특히 학기 초에 잦은 훈련이 필요합니다.

3. 저학년의 경우, 학기 초에 수업을 시작할 때마다 집중 구호를 5번 정도 연습하고 칭찬해 주는 게 좋습니다. 집중 구호에 집착하는 교사의 태도를 보여줄 필요가 있습니다.

급식 줄 설 때 떠드는 아이

| 지적 아끼기 |

∘ 만만 상황

교사 : (뒤로 걸으면서 아이들을 계속 지켜 본다.) 민준이, 앞을 봐!

교사 : 서준이, 이야기하지 마!

교사 : 서윤이, 춤추지 마!

교사 : 준우, 앞에 가잖아! 빨리 따라가!

마치 두더지 잡기를 하듯이 아이들이 조금이라도 눈에 띄면 하나 하나 지적합니다. 누구보다 철저히 감시하지만, 지시엔 위력이 없고 반은 소란스럽습니다. 너무 잦은 시선과 지적은 교사의 카리스마를 떨어뜨리고 아이들을 피로하게 합니다. 교사의 시선과 지적은 필요한 순간에만 꺼내 사용하여 그 힘을 지켜야 합니다.

﹡ 예방 상황

급식실로 출발하기 전, 아이들이 교실에서 줄을 서 있는 상황입니다.

교사 : 주목! (전체 정숙이 될 때까지 기다립니다. 한 명이라도 쳐다보지 않으면 지시는 의미가 없습니다.) 급식실에 내려가는 동안 줄을 서 있을 때는 절대 말하지 않습니다. 선생님과의 약속입니다. 지킬 수 있죠?

아이들 : 네!

교사 : 어렵지 않죠? (떠드는 아이가 생길 경우 "약속 지키기 어려워?"라고 말하기 위함입니다.)

아이들 : 네!

교사 : 다른 반이 떠들어도 이건 선생님과 여러분의 약속이기 때문에 반드시 지켜야 합니다. ("다른 반은 떠드는데요?"라는 말을 차단하기 위함입니다.) 길어 봐야 10분입니다. 대신 급식 먹을 때 조용히 하는 대화는 허락합니다.

아이들에게 군대처럼 칼 같은 행동과 정숙을 바라는 것은 무리입니다. 소란스러워질 때 필요한 지적을 하면 됩니다. 자잘한 장난을 무시하고, 시선의 힘을 아끼기 위해 아이들을 등지고 출발합니다.

○ 센 척 상황

그럼에도 불구하고 떠드는 아이들이 있을 수 있습니다.

교사 : (가던 길을 멈추고 싸늘하게 뒤를 돌아 본다.)

아이들 : (떠든다.)

교사 : (전체 정숙이 될 때까지 기다린다.)

아이들 : ……. (침묵 상황을 느끼고 허겁지겁 줄을 정돈한다.)

교사 : (줄에서 이탈해 침묵 속에서 아이들을 싸늘하게 바라 본다. 싸늘하게 목소리를 깔고 말한다.) **약속, 했잖아.** ('약속' 뒤에 살짝 시차를 두면 더 세 보입니다.)

교사 : ……**왜 안 지켜.** (지시 불응 이유 묻기)

아이들 : …….

교사 : ……**약속 지키세요.**

아이들 : 네…….

만만이 교사의 쎈 척하는 법

욕하는 아이

| 말싸움 피하기 |

교사가 있는데 대놓고 욕을 하는 것은 교사를 만만하게 생각하는
상하 관계 도전일 가능성이 큽니다.

○ **만만 상황**

민준 : 아, 닥쳐! 킥킥. 짜증 나 진짜 XX! 킥킥.

교사 : (큰 소리로) 김민준! 나와!

민준 : 저요?

교사 : 너지! 빨리 안 나와?!

민준 : (주머니에 손을 넣은 채 나와서) 왜요? (버릇없는 언행으로 미루어 보아 상
하 관계 도전입니다.)

교사 : 너 방금 저기서 뭐라고 했어?! (태도를 지적해야 하는데 문제 행동에만
집착하고 있습니다. 상하 관계가 정립되지 않으면 버릇없는 말투가 난무하는 말
싸움으로 이어지게 됩니다.)

민준 : 아무 말도 안 했는데요? (태도를 지적하지 않으면 아이가 이 정도 말투는 괜찮다고 느낍니다.)

교사 : 뭐?! 선생님이 똑똑히 들었는데?!

민준 : 뭘요?

교사 : 너 XX, XX, XX라고 했잖아!

민준 : 안 했다니까요?! (말싸움이 길어질수록 상하 관계는 희미해지고 아이에게는 선생님께 반항했다는 성취감만 남게 됩니다. 이미 교사에 대한 적대감이 생겼기 때문에 아이에게 억지로 잘못을 인정하게 해도 아이 내면엔 더 큰 반항심만 쌓이게 됩니다.)

교사 : 이게 어디서 목소릴 높여?!

참외 꿀팁

아이의 욕설을 목격했을 때, 아이를 호통치며 부르면 안 됩니다.

1. 교사가 잘못 들었을 가능성이 있습니다.
2. 아이가 혼나지 않기 위해 거짓말을 할 수 있습니다.
3. 아이가 자신을 혼내려는 교사를 민망하게 하기 위해 욕을 안 했다고 우길 수 있고, 말싸움으로 이어질 수 있습니다.
4. 적대감을 표하는 교사에 대한 반항심이 쌓입니다.
5. 교사가 소리 지르는 모습을 보면 아이는 '뭐야. 별거 없잖아?'라고 생각하게 되고, 해 볼 만하다고 느낍니다.

○ 센 척 상황 ①

교사 : (차분한 무표정으로) 민준이, 나와 봐.

민준 : 저요?

교사 : ……. (답할 가치 없는 말은 무시합니다. 모니터 보기 스킬)

민준 : (주머니에 손을 꽂은 채 나와서) 왜요? (상하 관계 도전)

교사 : (고개를 돌려 민준이를 싸늘하게 바라 보며) ……왜요? (예의 지적으로 상하 관계 정립을 시작합니다. '내가 지금 뭘 들은 거지?'라는 표정으로 아이를 바라 본 채 침묵을 유지합니다.)

민준 : …….

교사 : (민준이 쪽으로 고개만 돌린 채) 가까이 와.

민준 : (가까이 온다.)

교사 : (싸늘하게) 민준아. (이름 부르기 스킬)

민준 : 네.

교사 : 주머니 손 빼라. (예의에 대한 지적)

민준 : (주섬주섬 손을 뺀다.) (상하 관계 정립)

교사 : 선생님이 부르면 어떻게 말해야 돼? (규칙 정립)

민준 : 네. 선생님…….

교사 : (무표정 유지) 잘하네. 민준이가 예의 없게 말해서 선생님 속상할 뻔했 잖아. (무례함을 당해버린 내가 피해자라는 느낌을 줍니다.) 너 그런 애 아닌 거 아는데. (칭찬 스킬, 마음 어루만지기) 선생님은 절대 민준이를 혼내고 싶지 않아.

알지? (사랑 스킬)

민준 : 네.

교사 : 방금 민준이가 욕을 한 것 같아서 불렀어. 혹시 욕했어?

민준 : 네, 한 것 같아요……. (여기서 "했으면 한 거고, 안 했으면 안 한 거지.
한 것 같아요는 뭐야?"라고 지적할 필요는 없습니다. 과한 대응입니다.)

교사 : 인정하는 모습 멋지다. 무슨 속상한 일 있었어?

민준 : 아니요…….

교사 : 그래. 욕하면 안되는 거 알지? (규칙 전달)

민준 : 네.

교사 : 실수한 거니까 괜찮아. 선생님이 알려 주려고 부른 거야. 이렇게 용기 있게
인정하면 돼.

◦ 센 척 상황 ② 거짓말 대응

교사 : 선생님은 절대 민준이를 혼내고 싶지 않아. 알지?

민준 : 네.

교사 : 방금 민준이가 욕을 한 것 같아서 불렀어. 혹시 욕했어?

민준 : 아니요.

교사 : 선생님이 잘못 들은 거야?

민준 : 네.

교사 : 그럼 뭐라고 했는지 기억나?

민준 : 기억은 잘 안 나는데 욕은 안 했어요. (거짓말을 굳이 지적하지 않습니다. 상하 관계를 정립하고 욕설에 대해 엄격한 태도를 보여 주었으므로 아이는 앞으로 교사 앞에서 언행에 주의하게 됩니다. 문제 행동이 누군가에게 큰 피해를 준 것이 아니라면 문제 행동 그 자체보다 재발 방지에 초점을 두는 것이 좋습니다. "했잖아. 왜 인정을 안 해."로 맞받아치면 말싸움으로 이어질 가능성이 있으므로 져 주는 척 마무리합니다.)

교사 : 그러면 선생님이 잘못 들었나 보다. 그래, 민준이 그럴 리가 없지. 욕하면 안 되는 거 알지? (규칙 정립)

수업 시간에 엎드려 있는 아이

| 다정함으로 시작하기 ① |

수업을 시작했는데 엎드려 있는 이유는, 학기 초에 교사에 대한 상하 관계 도전 또는 감기 등의 컨디션 난조입니다. 컨디션 난조인 경우가 있으므로 무턱대고 상하 관계를 정립하려고 하기보다 여유롭게 시작하는 것이 좋습니다.

◦ 만만 상황

민준 : (수업을 시작했는데 엎드려 있다.)

교사 : 김민준! 안 일어나?! 뭐해 지금!

민준 : (삐딱하게 고개를 들며) 아픈데요.

교사 : 아프면 선생님한테 말하고 보건실에 가던가! 그렇게 엎드려 있으면 뭐 해결돼?! (상하 관계, 신뢰 관계 붕괴)

◦ 센 척 상황 ① 컨디션 난조

교사 : (교탁에 나와서 싸늘한 표정으로 민준을 쳐다 본다.) ……. (침묵 상황이 시작되면 교실엔 긴장감이 형성됩니다. 아이들은 민준이를 쳐다 본 뒤 민준이를 깨우거나 교사의 다음 지시를 기다립니다.) (말투는 다정하게, 표정은 무표정으로) 민준아.

민준 : (삐딱하게 고개를 들며) 네.

교사 : (말투는 다정하게, 표정은 무표정으로) 어디 아파?

민준 : 네…….

교사 : 보건실 다녀왔어?

민준 : 네…….

교사 : 수업 참여하기 어려울 것 같아?

민준 : 네…….

교사 : 그래. 잠시 엎드려 있으렴.

◦ 센 척 상황 ② 학기 초 상하 관계 도전

교사 : (교탁에 나와서 싸늘한 표정으로 민준이를 쳐다 보며) ……민준아.

민준 : (삐딱하게 고개를 들며) 네.

교사 : (말투는 다정하게, 표정은 무표정으로) 어디 아파?

민준 : ……아니요.

교사 : (말투를 싸늘하게 바꾸며) 그런데 왜 엎드려 있어? (이유 묻기 스킬로 상

하 관계 정립)

민준 : ……. (교사를 떠보기 위해 엎드려 있다고 말하기 어려우므로 말문이 막힙니다.)

교사 : (싸늘하게) 바로 앉아.

민준 : ……. (바로 앉는다.)

교사 : (싸늘하게) 대답을 해야지. 왜 엎드려 있냐고. 궁금해서 그래.

민준 : 수업 시작한지 몰라서……. (이 시점에서 상하 관계 정립이 되었기 때문에 변명은 굳이 지적하지 않습니다.)

교사 : 그럼 그렇게 말하면 되지, 왜……. (심호흡하고 코로 내쉰다.)

민준 : …….

교사 : 밤에 잠을 좀 못 잤어? (공감 스킬로 신뢰 관계 정립)

민준 : ……네.

교사 : 많이 피곤하겠네. (공감 스킬) 쉬는 시간이랑 점심시간 이용해서 좀 자자. 수업 시간에는 엎드려 있으면 안 돼.

반항심이 크게 보이지 않는 아이라면, "바로 앉아." 정도로 끝내는 것이 좋습니다. 전쟁에 나가는 데 비비탄을 가져가면 국토를 지킬 수 없습니다. 반면 마을을 찔어야 하는데 대포를 쏴버리면 요리를 할 수 없습니다. 반항의 정도를 고려하여 적정 수준에서 상하 관계 정립을 끝내는 것이 좋습니다.

수업에 투덜대는 아이

| 전략적으로 용서하기 |

    수업을 시작하려는데 "아, 수학 시간이야? 진짜 싫다."와 같은 혼잣말을 다 들리게 하며 교사의 수업 열정을 식게 하는 아이가 있습니다. 반항심이 없는 아이라면 그런 말이 예의 없는 말이라고 가르침을 주는 정도로 잡아줄 수 있겠지만, 반항심이 있는 아이라면 상하 관계 정립이 필요합니다.

◦ **센 척 상황을 위한 준비**

교사 : (교탁에 나와서) 수학 26쪽입니다.

민준 : 휴, 수학 시간 진짜 싫다…….

교사 : (무표정으로 민준이를 쳐다 봅니다.) …….

민준 : …….

교사 : (무시합니다.) ……수학 26쪽.

아이의 선 넘는 혼잣말을 무시하는 것이 마냥 잘못된 방법은 아닙니다. 아이는 수학 시간에 투덜거리는 혼잣말을 반드시 또 할테니까요. 아이를 무표정으로 쳐다본 후 무시하는 상황이 몇 번 일어나면(전략적 용서), 추후 훈육을 할 수 있는 명분이 생깁니다. 그러면 아이는 '선생님이 몇 번 눈치 줬지?'라며 시작되는 훈육을 이해할 수 있게 됩니다.

○ 센 척 상황

민준 : 휴, 수학 시간 진짜 싫다…….

교사 : (고개를 숙인 채 싸늘하게) ……민준아.

민준 : 네?

교사 : (고개를 숙인 채 싸늘하게) 뭐라고 했어? (되묻기 스킬)

민준 : …….

교사 : (민준을 보며 싸늘하게) 뭐라고 했냐고.

민준 : …….

교사 : (싸늘하게) 선생님이 몇 번 눈치 줬던 거 기억하니?

민준 : 저 그냥 혼잣말한 건데요? (상하 관계 도전이 들어오는 순간, 훈육의 목적은 문제 행동 교정이 아닌 상하 관계 정립이 되어야 합니다. 상하 관계가 정립되지 않으면 의미 없는 말싸움이 됩니다.)

교사 : ……한 건데요? (되묻기 스킬) ……민준아. (이름 부르기 스킬)

민준 : 네……

교사 : 선생님은 네 친구가 아니야. 선생님한테 말투 어떻게 해야 돼?

민준 : …….

교사 : "혼잣말이었습니다."라고 해야지. (규칙 전달)

민준 : 네……

교사 : 그리고 다른 사람한테 들리는 순간, 그건 혼잣말이 아니야.

민준 : 네……

교사 : (싸늘하게) 민준아, 선생님이 수업하려는데 수학 시간 진짜 싫다느니 이런 말 들으면……. 선생님 기분이 어떨 것 같아?

민준 : 안 좋을 것 같아요…….

교사 : 심지어 내가 정말 아끼는 너한테 그런 얘기를 들었어.(사랑 스킬) 그래서 너무 속상하네? (하소연하듯이 말하지 않고 경고하듯 싸늘하게 말합니다.) 그러면 안 돼. (규칙 전달)

수업에 늦게 들어오는 아이

| 다정함으로 시작하기 ② |

수업에 늦게 들어오는 이유는 다양합니다. 화장실 다녀오느라, 놀이 공간에서 친구와 수다 떠느라, 밖에서 노느라, 보건실 다녀오느라 등 많지요. 이땐 섣불리 호통을 치지 않고, "무슨 일이 있었어?"로 시작하는 것이 좋습니다. '나는 말이 통하는 사람이기 때문에 무턱대고 혼내지 않고 이유를 먼저 물어 보는 사람이야.'라는 인식을 주기 위함입니다.

○ 만만 상황

교사 : 국어 45쪽입니다. 음……. 민준이랑 서준이 어디 갔어?

아이들 : 모르겠어요.

교사 : 이것들이…….

민준, 서준 : (교실에 들어온다.)

교사 : 너희 교실 뒤에 서 있어! 뭐 하느라 늦었어?

민준 : 보건실 다녀왔는데요.

교사 : 보건실 갔다 오는데 10분이 넘게 걸려?

서준 : 줄이 길어서…….

교사 : 줄이 길면 다음 시간에 갈 생각을 해야지! 당장 안 가면 큰일 나니?

◦ 센 척 상황

교사 : 국어 45쪽입니다. 음……. 민준이랑 서준이 어디 갔는지 아는 사람?

아이들 : 모르겠어요.

교사 : 수업에 늦으면 안 되는데……. (규칙 전달)

민준, 서준 : (교실에 들어 온다.)

교사 : ……민준이, 서준이. 무슨 일이 있었어? ('무슨 일이 있었어? 스킬'로 다정

하게 시작합니다. 표정은 싸늘하게 합니다.)

민준 : 보건실 갔다 왔는데요. (상하 관계 도전)

교사 : (싸늘하게 민준이를 쳐다 본다.) ……왔는데요? (예의 지적으로 상하 관

계 정립)

민준 : …….

교사 : 내가 지금 친절하게 무슨 일 있었냐고 물어 봤는데 네 대답이 그런 식으로

나오면 안 되지. "보건실 다녀왔습니다."라고 해야지?

민준 : ……보건실 다녀왔습니다.

교사 : 그렇구나. 얘기 좀 하자. 복도에 나가 있어.

1, 2분 정도 수업을 진행합니다. 늦게 들어온 아이들 스스로 무엇을 잘못했는지 생각할 시간을 주기 위함입니다.

교사 : (복도로 나간다.) 이리 와. 어디 아팠니? (공감 스킬. 상하 관계가 정립이 된 상황이라면 말투를 다정하게 해도 괜찮습니다.)

민준 : 머리가 아파서……

교사 : 서준이는?

서준 : 저도요.

교사 : 가서 약 먹었어?

민준, 서준 : 네.

교사 : 이제 좀 괜찮아? (공감 스킬)

민준, 서준 : 아직 좀 어지러워요.

교사 : 그렇구나. 수업은 들을 수 있겠어? (공감 스킬)

민준, 서준 : 아니요.

교사 : 수업 못 듣겠으면 좀 엎드려 있어. (공감 스킬)

민준, 서준 : 네.

교사 : 너희가 아파서 보건실 다녀왔는데 선생님이 혼낼 사람인 것 같아?

민준, 서준 : 아니요……

교사 : 선생님은 언제나 너희 건강이 최우선이야. (사랑 스킬) 단, 보건실 규칙이 뭐였지? (규칙 전달)

민준, 서준 : 쉬는 시간 끝나기 전에 다녀오기 어려울 것 같으면 다음 쉬는 시간 이용하기⋯⋯.

교사 : 또?

민준, 서준 : 쉬는 시간 끝나기 전에 다녀오기 어려울 것 같은데 꼭 다녀와야 할 것 같으면 선생님께 말씀드리기⋯⋯.

교사 : 그래. 잘 알고 있네. 다음부터는 규칙을 잘 지킬 수 있겠지? (규칙 전달)

창외 꿀팁

보건실 규칙의 예

1. 쉬는 시간 끝나기 전에 나녀 오기 어려울 것 같으면 다음 쉬는 시간 이용하기
2. 쉬는 시간 끝나기 전에 다녀 오기 어려울 것 같은데 위급한 경우라면 선생님께 말씀드리기

수업 시작했는데 계속 떠드는 아이

| 아이들과 약속하기 |

6교시가 되면, 아이들은 곧 집에 간다는 생각에 신이 나게 됩니다. 수업을 시작했음에도 불구하고 친구와 쉼 없이 떠듭니다. 수업 종이 치지 않는 학교라고 가정해 보겠습니다.

○ **만만 상황**

교사 : 자, 떠들지 말고, 수학 25쪽 펴세요. 민준아, 수학 펴야지. (지시를 이미 했습니다. 이미 했던 지시를 계속 반복하면 교사의 지시는 힘을 잃습니다.)

민준 : 선생님, 몇 쪽이에요?

교사 : 25쪽입니다.

서윤 : 선생님, 수익 필요해요?

교사 : 네. 수익도 펴세요. 준우, 왜 아직도 책 안 펴고 있지?

준우 : 수학책이 없어졌어요! (교과서가 없으면 이런 식으로 가볍게 말하는 것이

아니라, 손을 들고 차분히 상황을 알리는 식으로 말해야 합니다. 수업을 방해하는 예의 없는 행동입니다.)

아이들과 미리 짧은 지시에 관한 약속을 해 두면 좋습니다. 예를 들어, "수업 준비하세요."의 뜻은 "교과서를 펴고 자리에 앉아 선생님을 기다리세요."라는 뜻으로 미리 약속할 수 있습니다.

○ **센 척 상황**

각종 질문을 차단하려면 쉬는 시간에 미리 책 쪽수를 칠판에 적어 놓는 것이 좋습니다. 다음 예시 상황은 13시 50분, 수업 시작 시간이 되었지만 종이 치지 않아 여전히 아이들이 떠드는 상황입니다.

교사 : (조금 큰 목소리로) **수업 준비하세요.** (수업 준비할 시간을 30초 정도 주고, 교탁으로 나갑니다. 여전히 쉬는 시간과 구별되지 않을 정도로 아이들이 떠드는 경우, 교탁 앞에 서서 교탁을 보며 무표정으로 기다립니다.)

교사 : **주목.** (정숙 상황을 만듭니다.)

아이들 : 주목! 짝짝!

교사 : (10초 정도의 의도적인 침묵을 통해 긴장감을 형성한 후 싸늘하게) ······ **선생님과의 약속을 지키지 않는 친구들이 많네요.**

아이들 : ······.

교사 : (싸늘하게) 용기 있게 잘못을 인정할 기회를 주겠습니다. 선생님이 수업 준비하라고 했는데도 계속 떠든 사람들은 일어나세요.

아이들 : (일어난다.)

교사 : ……. (침묵을 통해 긴장감을 고조시킵니다.) 민준아.

민준 : 네…….

교사 : "수업 준비하세요."는 어떤 의미라고 했지?

민준 : 책 펴고 앉아 있기…….

교사 : 끝이야?

민준 : …….

교사 : 규칙을 정확히 알고 있는 사람?

민지 : (손 든다.)

교사 : 응, 민지.

민지 : 책 펴고 앉아서 조용히 선생님을 기다려요.

교사 : 민지가 정확히 알고 있네. 이 규칙을 알고 있는 사람?

아이들 : (대부분 손 든다.)

교사 : 대부분 알고 있네요. 실수라고 생각하겠습니다. 지금 앉아 있는 친구들은 규칙을 정말 잘 지켰습니다. (긍정 행동 강화) 서 있는 친구들은 규칙은 지키지 못했지만, 용기 있게 인정한 점이 멋있습니다. (칭찬 스킬) 선생님은 너희를 혼내고 싶지 않아. 그러려면 선생님이 예쁘게 말할 때 들어야 합니다. 만약 실수했으면 지금처럼 용기 있게 인정하면 됩니다. 알겠나요?

아이들 : 네.

교사 : (싸늘하게) 그러니 실수를……. 안 했으면 좋겠네요……. 앉으세요.

이후 아이들은 "수업 준비하세요."라는 지시에 대한 긴장감을 느끼게 됩니다. 하지만 "수업 준비하세요." 한 마디로 교실이 침묵이 되는 상황까지는 많은 시간과 훈육이 필요합니다. 기준을 조금 낮춰서, 교사가 교탁에 섰을 때 아무 말을 하지 않아도 10초 내로 전체 정숙이 된다면 따로 훈육을 하지 않아도 괜찮습니다.

판정에 개입하는 아이

| 강한 권위를 내세우기 |

놀이를 하거나 체육 활동을 할 때, 자신이 곧 규칙인 아이가 있습니다. 수업 내내 짜증을 내면서 친구들이 체육 활동을 멈추게 합니다.

아이 : 야! 너 공 맞았잖아! 나가!

아이 : 이게 왜 세이프야! 아웃이잖아!

아이 : 팀 밸런스가 하나도 안 맞네!

교사는 양측의 말을 모두 들어 보고 심사숙고하여 판정하지만, 아이들의 불만은 가라앉지 않습니다. 즐거운 활동을 위해 준비한 수업이 싸움으로 얼룩지는 걸 보면 '다시는 놀이를 안 해야겠다.', '다시는 피구를 시켜 주지 않아야겠다.' 등의 생각을 하게 됩니다. 이러한 상황은 판정 개입 금지 규칙을 만들어 예방하는 것이 최선입니다.

○ 센 척 상황

교사 : 6교시는 판정 개입 금지 규칙을 연습하며 '너그러움'이라는 인성 덕목을 배우기 위해 체육관에서 피구를 할 것입니다. (수업 명분은 언제나 '피구', '놀이'가 아닌 '규칙 배우기'로 설정합니다. 그래야 추후 교사의 수업 중지에 설득력이 생깁니다.) 여러분이 반드시 지켜야 할 규칙을 설명하겠습니다.

첫째, 선생님이 정해준 팀에 불만을 느끼지 않습니다. 모두가 만족하는 완벽한 팀은 없습니다. 다양한 팀을 겪어 보는 것도 수업의 일부입니다. 팀을 정하는 것 또한 선생님의 판정이기 때문에 절대 개입하지 않습니다.

둘째, 아웃과 세이프는 무조건 선생님 판정에 따릅니다. 누가 봐도 아웃인데 선생님이 세이프라고 하면 세이프인 겁니다. 누가 봐도 세이프인데 선생님이 아웃이라고 하면 아웃인 겁니다. 한 경기에 몇 억씩 왔다 갔다 하는 프로 운동선수들도 심판의 판정에 개입하지 않습니다. 여러분은 억울한 감정을 감추고 선생님의 판정에 따르는 연습을 할 것입니다. 선생님이 모든 판정 시비를 다 들어주면 우리는 피구를 즐길 시간이 부족하기 때문입니다. 너그러운 마음을 가질 때 우리는 피구를 더욱 즐길 수 있습니다. 만약 판정 개입이 있을 경우, 그 친구는 경기를 관람할 것입니다. 자신이 맞았으면 선생님이 따로 아웃이라고 안 해도 양심적으로 나가면 됩니다.

선생님은 여러분과 행복하게 수업하고 싶어요. 그러려면 여러분이 규칙을 잘 지키면서 피구 수업에 참여해 주기를 바랍니다. (사랑 스킬)

판정 개입 금지 규칙의 예	체육관 이용 규칙의 예
1. 팀에 불만 품지 않기	**1.** 체육관에 가는 동안 소리 내지 않기
2. 선생님 판정에 무조건 따르기	**2.** 체육관에 도착하면 선생님 앞에 줄서기
	3. 준비 운동에 성실히 임하기

아이들의 질문을 받다 보면 20분 이상이 소요될 수도 있으므로 해당 시간 전 교시에 여유롭게 규칙을 설명하는 시간을 가지는 것이 좋습니다. 추후 규칙을 지키지 않는 아이가 있다면 계속 활동에서 제외하기보다는 5분 정도 타임아웃을 시킨 후 규칙을 다시 전달하고 용서해 주는 상황을 연출하여 다시 활동에 참여시키면 됩니다.

교사 : 민준이, 판정 개입입니다. 선생님 옆에 앉아 있으세요. (5분 뒤) 민준아, 많이 열받고 억울하지? (공감 스킬) 선생님도 네 마음 다 알아. 그런데 오늘 우리가 피구를 하는 이유는 뭘 배우기 위해서라고 했지?

민준 : 판정 개입 금지⋯⋯.

교사 : 맞아. 다른 친구들도 억울해 할 수 있는데 규칙을 지키고 있어. 피구를 즐겁게 하기 위해서지. 다시 경기에 들어가면 규칙을 잘 지킬 수 있겠어?

아이들은 꽤 단순한 구석이 있습니다. 지금 당장 내 눈에 보이는 반칙이 열받지만 조금만 시간이 지나면 잊어버리게 됩니다. 새로운 상황이 끊임없이 등장하기 때문이지요. 놀이나 체육 활동은 감정이 격앙되기 쉬운 시간이지만, 반대로 감정이 빠르게 흘러 나가는 시간이기도 합니다. 판정 개입 금지 규칙은 권위 있는 교사가 강제적으로 상황을 전환하며 아이들의 격앙된 감정을 빠르게 흘려보낼 수 있도록 합니다. 체육 대회 또한 판정 개입 금지 규칙을 엄격하게 적용해야 합니다.

교실이 더는 두렵지 않아

'여유'는 안정적인 훈육을 위해 가장 필요한 조건입니다. 요즘 사회는 교사 개인의 인격적 성숙에서 여유를 찾으라고 합니다. 교사의 감정을 배제한 채 아이를 격려하라는 무책임한 훈육을 강요하고 있습니다. 교사가 여유를 갖고 훈육하기 위해서는 교사를 지켜줄 수 있는 든든한 법과 제도가 뒷받침되어야 합니다. 언제든 밥을 먹을 수 있는 상황이라면 배고픔이 느껴질 때 오늘 주문할 배달 음식을 상상하며 흐뭇한 기대감이 듭니다. 반면 며칠간 음식을 섭취할 수 없는 극한의 훈련 상황이라면 배고프다는 느낌은 절망과 불안감만을 안겨 줍니다. 요즘 교사는 언제 교사를 보호할 법적 테두리가 만들어질까 전전긍긍하며 불안한 하루하루를 보내고 있습니다. '아이가 반항하면 어떻게 대처해야 하지?' 비현실적이고 복잡한 절차, 분리를 반대하는 학부모, 비협조적인 관리자가 머릿속에 그려지며 순간 눈앞이 깜깜해집니다.

이러한 상황 속에서 선생님들께 "여유로운 척, 싸늘한 척을 하라."

는 글을 쓸 때마다 무력감이 몰려오고는 합니다. 이 모든 방법이 전혀 통하지 않는 아이를 맡은 선생님께 어떤 말을 드려야 할지 아직 답을 찾지 못했습니다. 어떤 언어가 더 힘을 주는 위로가 될지 고민하며 글을 고쳐 보지만, 힘들었던 시간과 그 과정을 극복한 저만의 이야기가 선생님들께 용기가 될 것이라는 생각조차 새삼 건방지게 느껴집니다. 수업을 열심히 준비하고 아이의 입장에서 생각해 보라는 뻔한 말을 건네기도 주저하게 됩니다. 수업을 열심히 준비하지 않아서 교실이 무너진 것도 아니고, 아이의 마음을 헤아리지 못해서 아이가 등을 돌린 것도 아니기 때문입니다. 책장을 넘기며 '이렇게 해서 됐을 아이면 진작 내 편으로 만들었지.'라고 생각하시고 책을 덮는 선생님의 마음도 이해합니다. 다큐멘터리 훈육 프로그램에 나오는 아이들은 초등학교 현장에서 어렵지 않게 찾아볼 수 있으니까요.

그럼에도 교사가 할 수 있는 일을 해 봅시다. 극한의 상황에서 최대한 여유를 갖고 훈육할 수 있도록 정말 뻔한 일을 시작해 봅시다. 막막함은 불안감을 줍니다. 학교 폭력 사안 처리 가이드북과 교원 학생생활지도 고시 해설서를 늘 옆에 두고 시간 날 때마다 들여다 보며 제출해야 할 서류를 뽑아 둡시다. 교통사고가 발생했을 때 처리 절차를 미리 외워두듯, 아동학대 신고를 당했을 때의 대처 요령을 익히고, 교사의 입장을 헤아려 주는 노조나 단체에 가입합시다. 판례 검색 사이트에서 여러 사례를 찾아 법리적 해석을 읽어 보고 훈육의 범위를 가늘해 봅시다. 이 막막한 절차들이 익숙해지고 해야 할 일이 순차적으로 명확하게 그려질 때, 내면의 불안감은 조금씩 사그라듭니다.

수업 준비를 미리 해두는 것도 여유를 찾기에 좋은 방법입니다. 문제 상황은 쉬는 시간에 반드시 발생합니다. 쉬는 시간에 교사가 자료를 만들거나 학습지를 출력하고 있다면, 급한 마음에 문제 상황에 더욱 예민하게 반응할 수 밖에 없습니다. '굳이 화내지 않았어도 됐는데 왜 그랬지?'하며 후회될 때를 돌이켜보면 수업과 업무에 쫓겨 마음에 여유가 없어 예민한 상황일 때가 대부분이더군요. 수업 준비에 집중할 수 있도록 제도적으로 교사 업무 부담을 줄이는 게 우선이겠지만, 애매하게 시간이 남았을 때 할만한 간단한 놀이 자료들도 미리 찾아두고, 갑작스러운 보결을 대처할 수 있는 자료도 준비해 둡시다.

마지막으로, 거울 앞에 서서 한껏 센 척해 봅시다. 내가 할 수 있는 가장 싸늘한 표정을 연기해 보고 어설프게 목소리도 깔아 봅시다. 책에 나오는 대사도 좋고, 선생님의 단골 대사도 좋습니다. 무엇이든 뱉어 봅시다. 어색하고 민망하다면 첫 번째 도전은 성공입니다. 양치하다가 괜히 눈에 힘도 풀어 보고, 드라마를 보다가 뜬금없이 허공을 향해 눈살을 찌푸려 봅시다. 친구 앞에서, 애인 앞에서, 배우자 앞에서 그동안 연마한 센 척을 뽐내 봅시다. 관객의 손발을 오그라들게 하고 실소를 터트리게 했다면 두 번째 도전도 성공입니다. 그리고 평소보다 조금 일찍 일어나 여유롭게 출근을 준비하며 되뇌입시다. '잠시 후 분명히 화나는 일이 생길 거야. 소리를 지르고 싶은 순간이 반드시 올 거야. 연습했던대로 하자. 차분하게. 난 강하니까.'

뜻대로 되지 않는 날도 많고, 패배의 순간도 오기 마련입니다. 그럼에도 지금까지의 선생님의 노력을 부끄러워하지 마세요. 아이들을 진심으로 끌어안으려는 노력은, 교실의 아이들을 지키려는 노력은 누구도 함부로 비웃을 수 없는 깊은 바다와 같습니다. 앞이 보이지 않는 깜깜한 물속에서 허우적대어 본 사람만이 그 노력의 깊이를 알 수 있습니다. 어설프고 어정쩡했던 그간의 시간은 숨쉬기도 불편했던 교실 속의 산소가 되어줄 것입니다. 바뀌는 것 하나 없다고 생각했던 나날 속에서 어느새 자연스러운 호흡을 내뱉고 센 척이 아닌 정말 강한 사람으로서의 선생님을 기쁘게 마주하시길 바랍니다.

골방에서 그림만 그리던 저에게 해야 할 일이 있다며 쉼 없이 용기를 불어 넣어준 이종대왕 이종혁 선생님 고맙습니다. 저도 선생님처럼 누군가에게 용기를 줄 수 있는 사람이 될 수 있겠죠? 내 자존감 지킴이 집현전 선생님들 늘 고마워요. 그리고 내 삶의 가장 빛나는 등대, 우리 엄마. 골리앗을 두려워하지 않는 다윗으로 키워줘서 고마워요. 항상 존경하고 사랑합니다.

오늘도 거울을 보며 센 척하는
김참외

만만이 교사의
쎈 척하는 법

1판 1쇄 인쇄 2025년 1월 15일
1판 1쇄 발행 2025년 2월 14일

글·그림 김참외

펴낸이 이윤석
출판사업본부장 신지원
출판기획팀장 오성임 **기획** 이문영 **편집** 박유진
마케팅 김민지, 김참별 **디자인** 김보현 **제작** 천광인쇄사
제조연월 2025년 1월 **제조국** 대한민국

펴낸곳 아이스크림북스
출판등록 2013년 8월 26일 제2013-000241호
주소 서울시 서초구 매헌로 16 하이브랜드빌딩 18층
전화 02-3440-4604
이메일 books@i-screamedu.co.kr
인스타그램 @iscreambooks

ISBN 979-11-6108-754-2 03190